ゲームで身につく学習スキル

問題解決力を育てる授業プラン26

上條晴夫・進藤聡彦 編著

図書文化

まえがき

　本書は，未来の学力に不可欠の学習スキルをゲームで学ぶ本である。
　従来の学校に期待されていた学力は「正しく覚えてくり返す」ためのスキルが中心だったのに対して，これからの学校に期待される学力は「考えて発表する」（自ら学び自ら考える）スキルが中心となって，スキルの幅がグンと広がる。
　具体的にいうと，本書で提案をするスキルは
「問題を見つけるスキル」
「聴く・読むスキル」
「調べる・整理するスキル」
「吟味・検討するスキル」
「まとめる・書くスキル」
「覚えるスキル」
「表現する・伝えるスキル」
である。
　これまでは「覚えるスキル」１つだけだったので，裏ワザ的に，個々の教師が教えたり，塾や予備校が教えたりすることですんでいた。しかし，これから学ばなくてはならない「学習スキル」とは，誰もが，社会に出たあと，自分のパフォーマンス（実行・遂行）力を高めるために必要となるスキルである。
　本書では，そうした学習スキルの数々をゲームによって学ぶ。
　ゲームで学ぶことで，楽しく体験的に学ぶことができる。
　本書を書いているのは，学校現場で熱心に教育実践に取り組んできた意欲あふれる実践家の先生たちである。もちろん学習スキルはこれまでにない未開拓領域といってよい教育内容である。必ずしも系統的・組織的に集められた実践ではないことは正直にいう必要があるだろう。しかし本書に登場する実践が現状におけるいちばん先端的で，いちばん典型的な実践であることは自負してよいと考えている。
　わたしを含めた著者グループの幸いは，この「非組織的・落ち穂ひろい的」に集められた実践に，極めて細かくていねいに目を通し，心理学のサーチライトの光を当て，その意義と位置づけを与えてくれた進藤聡彦氏の存在である。
　本書が教室で日々苦闘をしている現場の先生方の学習スキル指導にわずかでもヒントになれば幸いである。

2005年8月

上條晴夫

目次

まえがき 3

序章 学習スキルと学習ゲーム 6
- 学習スキルって何だろう 8
- これから必要な学習スキルとは 12
- なぜ，学習スキルを学習ゲームで学ぶのか？ 14
- 学習スキルゲームのつくりかた 16
- 学習スキルゲームのすすめかた 18

第1章 問題を見つけるスキル 20
- 番号作文コンテスト 22
- 箇条書きマラソン 26
- マインドマップゲーム 30
- 反論スピーチコンテスト 34

第2章 聴く・読むスキル 38
- 隠し言葉当てゲーム 40
- 嫌いな食べ物当てクイズ 44
- リピートスピーチゲーム 48
- 3分間音読コンクール 52

第3章 調べる・整理するスキル 56
- グループ対抗辞書速引き競争 58
- 図鑑生き物さがしゲーム 62
- 漢字変換ゲーム 66
- 漢字リレーゲーム 70
- 辞書ゲーム 74

第4章　吟味・検討するスキル　78

　　　分類図形当てゲーム　80
　　　○○時代スリーキーワードゲーム　84
　　　「重なっちゃダメ！」ゲーム　88
　　　こじつけ共通点ゲーム　92
　　　ネゴシエーターゲームⅡ　96

第5章　まとめる・書くスキル　100

　　　共同記者会見ゲーム　102
　　　鉛筆対談ゲーム　106
　　　反論作文競争　110

第6章　覚えるスキル　114

　　　国旗ビンゴゲーム　116
　　　都道府県スリークエスチョンズゲーム　120
　　　漢字算数バトル　124

第7章　表現する・伝えるスキル　128

　　　他己紹介ゲーム　130
　　　ザ・新語ゲーム　134

学習スキルゲームのネタシート　138
学習スキルゲーム相談シート　139
あとがき　141
編集者・執筆者紹介　142

序章
学習スキルと学習ゲーム

　　　　　学習スキルって何だろう──8
　　　これから必要な学習スキルとは──12
なぜ，学習スキルを学習ゲームで学ぶのか？──14
　　　　学習スキルゲームのつくりかた──16
　　　　学習スキルゲームのすすめかた──18

学習スキルって何だろう

学習スキルとは，「一定の範囲の学習活動に役立つ内的，外的な技能」のことである。

進藤聡彦

学習スキルの正体を探る

「〜スキル」は最近の教育界でよく見かけるようになってきた言葉の1つだ。本書で取り上げた学習スキルのほかにも，ライフスキルという言葉にまとめられるようなコミュニケーションスキル，ストレス対処スキル，対人スキルなどさまざまなスキルという言葉が使われている。

では，あらためてそこで使われているスキルとは何かと問われたとき，あるいはなぜスキルという言葉を使うのかと問われたとき明確に答えられるだろうか。筆者の周囲の数名の小学校や中学校の先生方に尋ねてみたところ，2つとも曖昧な答えしか得られなかった。後で述べるようにスキルへの着目は教育を考えるときに多くの長所をもつのに，教師間で共通認識を欠いていたのでは，学習の改善に役立つようなスキルを巡っての議論は成立しにくくなる。そこで，ここではまず学習スキルに限定して「学習スキル」とは何かについて考えてみたい。

(1) 内的スキルと外的スキル

英和辞典を開くまでもなく，スキル（skill）とは「技能」「わざ」などといった意味であるから文字どおり「〜の仕方」で，操作や活動を指すものだといえそうだ。だから「円周率は3.14である」とか，「オーストラリアの首都はキャンベラだ」のような「AはBだ」といった形式で記述できる知識とは違う。実際に具体的な学習スキルに該当するようなものを列挙してみると，調べ学習の際のインターネットの使い方などの情報収集の仕方，またノートの取り方のような情報の整理の仕方などは学習スキルと呼ぶのに相応しいだろう。また，聞き手にわかりやすいプレゼンテーションの仕方なども学習スキルに挙げられるだろうし，質問の仕方も学習スキルといっていいだろう。これらに共通するのは実際に手足を動かす行動レベルの操作，活動を伴う手続き的内容を含む技能である点である。

心理学では「AはBだ」式のものを「宣言的知識」，スキルを「手続き的知識」などといって区別している。いわば「わかる・おぼえる」ことを対象にする知識と「できる」ことを対象にする操作や活動に関する技能の違いに対応する分類だ。このうち「スキル」を「知識」というのに違和感をおぼえる人も多いと思うが，これは自分が意識するとしないとにかかわらず，技能はそのための手順的な知識と一体化していると考えるからである。

ではこの「できる」ことが対象の「実際に手足を動かす行動レベルの活動に関連する手続き的知識」を学習スキルの定義にしていいかというと，次のような場合もあるから話はややこしくなる。それは学習スキルには「学習内容を暗記するときに，それが頭に残りやすいような形

に変えて覚える」とか,「文章を読むときには批判的に読んでいる」といった実際に手足を動かさない頭の中だけの操作・活動も含まれるからだ。こうした頭の中で行われる内的な学習スキルと呼べるようなスキルは「学習方略」などとも呼ばれることがある。このように学習スキルとは,実際の手足を動かす外的な学習スキルと呼ぶことのできるような操作・活動に限定されるものではない。

学習スキル ─ 外的スキル（行動レベルの操作・活動）
　　　　　　　例. ノートの取り方, 質問の仕方
　　　　　　─ 内的スキル（頭の中だけの操作・活動）
　　　　　　　例. 歴史事項をストーリーとして覚える

ちなみに,「学習スキル」というときには,学習を抑制する意味は含まれておらず,学習に役立つという前提で使われる。この点で,外的なスキルの獲得は学習を促進することは明らかだが,内的な学習スキルについてもそうしたスキルを使っている者と使わない者では,使っている者の方が成績がいいことが知られている。また,学習動機にも影響することがわかっている。

例えば,中学や高校時代の歴史の学習の好き嫌いとその理由について大学生に質問した調査がある。結果は,好きとした者,どちらでもないとした者,嫌いとした者がちょうど3割くらいずつであった。このうち好きとした者と嫌いとした者の理由にははっきりした違いがあった。嫌いだった者は,歴史の事項を暗記するのが苦痛だったからとしたのに対して,好きだった者は大河ドラマを楽しむように歴史のストーリーの展開がおもしろかったというのである。そして,ある女子学生は大河ドラマのように歴史の登場人物に実在の俳優などをキャスティングして,ストーリーを作っていったというのである。歴史事項をバラバラに覚えるのではなく,ストーリーとして覚えればそれが歴史学習の本質だし,記憶の長期保持も可能になる。だから,この学生のやり方は理解や記憶にとって理に適ったものだし,丸暗記に比べて面白く歴史の学習ができたことだろう。そして,彼女はそのような方法を可能にする学習スキルを身につけていたと見なすことができるだろう。この例にみるように,有効な内的学習スキルを使うことは,成績の向上につながるだけでなく,学習に対する興味も喚起する。

ただし,これまでは学習スキルとは何かを考えるにあたって,内的な学習スキルと外的な学習スキルを区別してきたが,これらはいつも明確に区分できるとは限らない。プレゼンテーションの場面で,「相手にわかりやすく話す」というスキルがあったとしよう。この場合,「話すこと」は外的なスキルではあるが,頭の中ではわかりやすくするために「相手の既知の知識と未知の知識を推定する」「伝えたい本質的な内容と末節の内容を選ぶ」「本質的な内容を中心に論理的に話を構成する」といった内的な学習スキルが含まれているからである。また,この例からわかるように,ある上位の学習スキルは,内的,外的な下位の学習スキルによって成り立つ場合がある。

(2) 学習スキルの汎用性

2位数どうしの筆算の仕方を覚えた場合に,学習スキルを獲得したというのには違和感がある。それは2位数どうしの筆算の仕方が限定的な内容だからだろう。学習スキルという場合には,個別の内容を越えて,一定の学習領域に汎用性があるという意味を含んでいる。先に例として挙げたインターネットの使い方は,いろいろな調べ学習に使えそうだし,文章を批判的に

読むなどもさまざまな文章に応用できるスキルだ。このようにみると，学習スキルとは個別の学習を支える学習領域に共通する技能であり，学習活動の道具といえるものであろう。本書でも1つの授業の提案のほかにもいくつかのバリエーションが紹介されているが，学習スキルの汎用性を示す例になっている。

以上にみてきたように，学習スキルとは「一定の範囲の学習活動の促進に役立つ内的，外的な技能」とでもなろうか。先の心理学の用語を使えば，学習に役立つ手続き的知識や学習方略が学習スキルの正体といってよさそうだ。

いま，学習スキルが求められる背景

(1) 学校教育に求められる学力が変わった

前々回の学習指導要領の改訂で，関心・意欲・態度が学力の一部という捉えが前面に出された。これは学校現場にこれまでの学力観から大きな転換を迫ることとなった。つまり，自ら学ぶ力の育成が目指されるのであって，それまでの教師が知識・技能を教え，子どもたちが学ぶという図式から，子どもたちが学ぶのを教師が支援するという図式であるべきことが明確になったからである。

さらに前回の改訂では総合的な学習の時間が新設されるに至った。小学校の学習指導要領によれば，総合的な学習の時間とは，問題を見つけたり，問題を探求的に解決する力の育成をねらった子どもたちの主体性を重視する学習であるから，これも自ら学ぶ力の育成を目指すものである。

このような流れの中で，学習スキルの育成はその意義をもつ。それは子どもたちが問題を見出しそれを解決するといった自ら学ぶ過程では数々の学習スキルが必要となるからだ。教師が子どもたちに問題を見つけ出してみよう，そしてその問題について解決してみようなどと指示したとしても，どうすれば問題が見つけられるのか，解決に向けての情報を得るためにはどうすればいいのかわからない。しかし，本書で紹介されているような問題の見つけ方の学習スキルが身についていれば，問題を見つけ出しやすくなるし，インターネットの使い方，図書館での本の探し方などを学習スキルとして学んでいれば目指す情報が得られるのである。

(2) 学習スキルとメタ認知

学習スキルはメタ認知に深く関連している。メタ認知とは1980年前後から心理学で着目され，研究が進められてきた認知の働きで，それはモニタリングの側面と制御の側面に大別することができる。前者は子どもたちが自身の理解や記憶の状態をモニターし，評価する働きであり，後者は記憶や理解の過程をコントロールする働きだ。例を挙げてみる。授業中に子どもたちに教えた内容の理解を確認するために，「わかった？」と聞いてみると，子どもたちが声を揃えて「わかったァ」などと答えるシーンは珍しくない。しかし，あとでテストをやってみると散々な出来でガッカリした経験をもつ教師は少なくないだろう。これは理解に関するメタ認知的なモニタリングが不正確なために起こる。そして，わかっていないことがわからなければ，子どもたちは先生に質問をするなどといった次の学習行動につながらない。このようなときに，わかったことを実際にあるいは頭の中で擬似的に他者に説明してみるとか，文章にまとめるといった学習スキルを使うと，自らの理解が対象化され，「わかっていないことがわかる」ようになることがある。

また，メタ認知の制御的側面として記憶の仕方を例として挙げることができる。先の歴史を

ストーリー化して覚えた学生だけでなく，いわゆる記憶名人の記憶法に見ることができるように，記憶力は記憶する内容をいかにうまく意味づけるかにかかっている。同じ１つの歴史の年号を覚えるときにも，「ゴロ合わせをしてみよう」とか，「年号をノートに何度も書き出してひたすら丸暗記しよう」とかいった様々な方法がある。その際に自分にとって効果的な方法を選び出し，それを実際にやってみるといった過程は記憶の働きを制御していると見ることができる。これがメタ認知の制御的側面である。ここでも，ゴロ合わせの仕方などが学習スキルとして身についていなければ実際にそれをすることができない。

このように，メタ認知と学習スキルは密接な関係をもつ。そして以前は，学力を規定するのが知識の量と考えられてきたが，現在ではメタ認知も学力に大きな役割を果たしていると考えられるようになっている。だから，優れたメタ認知のためには，それを可能にする学習スキルが形成されることが必要になる。本書で取り上げている「覚える」ための学習スキルもそのような意義をもっている。

以上のように，学校教育に求められる学力についての考え方の変化，そしてそのような学力観の変化を支える理論的な研究を背景にして，新たな学力を保障するものとして学習スキルの形成がいま求められている。

「スキル」として捉えることの意味

授業の目標は具体的な行動レベルで記述されなければならないという考え方がある。いわゆる行動目標と呼ばれるものだ。行動目標を立てることで目標の達成の有無が客観的に検証できるから曖昧な評価にならない。また，明確な評価が可能になれば，評価の機能の１つである授業の改善のための資料を得ることができるから教師にとっては生産的である。このような長所をもつことから行動目標が奨励される。

授業の目標をスキルとして捉えることも行動目標につながる。「読解の能力を育てる」といった目標の捉えと「読解スキルを習得させる」といった目標の捉えを比較すればわかるように，スキルは操作・活動という行動レベルだから，その獲得の有無がはっきり評価できる。さらには，目標がスキルのレベルだから，そのスキルの形成のためにはどのような手立てが必要かについても明確にせざるを得ない。例えば，「読解の能力を育てる」といった場合，ただ国語の教科書を読ませていただけでも，「能力を育てている」といわれてしまえば，それまでだ。それに比べて，スキルの場合にはできるかできないかがはっきりするから，いい加減な授業では立ちゆかなくなる。

別の例を挙げてみる。「コンピュータによる情報収集能力を身につけさせる」などといってもそれは具体的な教授行動には直接つながらない。しかし，学習スキルとして「インターネットの使い方を習得させる」とか「図書の探し方を身につけさせる」と学習スキルレベルで目標を決めることで教師がすべき具体的な教授行動が明確になる。また，子どもたちにとっても「情報収集能力を身につけよう」ではたんなるスローガンであって，何をしていいのかわからないから，とまどってしまうかもしれない。しかし，具体的に「インターネットで情報検索ができるスキル」「図書館でほしい情報が書かれてる本を探せるスキル」とスキルレベルにすることで，目標がはっきりする。具体的な目標の提示は目指すべき行動の指針を与えてくれるから子どもたちの学習も主体的なものになる。

これから必要な
学習スキルとは

これまで学校では「学習スキル」を自覚的に教えてこなかった。
これからの社会では「協同的に問題解決する」ためのスキルが必要になる。

上條晴夫

教えられなかった学習スキル

　これまで日本ではあまり学習スキルが自覚的に教えられてこなかった。

　背景には，勉強とは「スキル」(技術)で学ぶものではなく，「ガッツ・根性・努力」のような精神的なもので積み上げていくものであるという勉強観が根強く存在していたからである。これまでスキルのようなものは裏ワザ的にしか語られなかった。

　授業で教えられるのはあくまで「学習の中身」であった。

　それを身につけるのは個人の努力，その多寡を左右するのは個人の資質(いわゆる「頭の良し悪し」など)であると考えられていたのである。そもそも物覚えのよい人と悪い人の間に「覚え方スキル」の違いがあるなどと考えられてこなかった。

　例えば，漢字テストの成績の悪い子には，
　「もっと頑張って勉強しなさい」
　計算問題の不得手な子には，
　「もっとたくさんの問題数をこなしなさい」
　そんな風に言葉かけされることが普通だった。漢字の勉強の仕方の上手い下手，計算練習の上手い下手などはほとんど意識されなかった。まして「書く・読む」のような学習のスキルが，上手い下手として語られるようなことはほとんどなかった。

日本の学校教師の勉強観がそうさせていたのである。

これまでの学習スキル―覚えるスキル

　ただし，自分が自覚的に勉強した経験のある教師はいくらか指導をしていた。

　あるいは，塾や予備校で勉強法の指導を受けて成績を上げた経験のある教師は，それを一種の「秘伝」として，そのスキルを子どもたちに教えることはあった。

　それがいわゆる「受験テクニック」などと言われているものだ。

　これは，一言でいうと「覚えるスキル」である。

　特に覚える量が急に増えてくるといわれる中学校段階において，英単語の覚え方や歴史年号の覚え方，数学の公式の覚え方などが語られた。しかし，学びの全体について，学習の内容をどのように身につけるべきかについて，ほとんど語られることはなかった。

　大学で教育心理学・学習心理学が講じられているが，ベーシックな内容が多く，それがスキルにまでは落し込まれていないのが普通である。それで学習塾や予備校などで教えられた技術(スキル)を簡便化して教えるということが大半だったようである。

　学習スキルと言われてもピンとくる教師は必ずしも多くなかった。

それはスキル＝覚え方のコツぐらいしかなかったからである。

これからの学習スキル―考えるスキル

これからの学習に必要になる学習スキルは覚えるコツだけではない。

これまでの学習とこれからの学習について，図式的に描いてみると次のとおりである。

	社会状況	求められる力
昔	価値感や目標が安定していた時代 →これまで成功したやり方を守ることが大切	正確な知識や技術をもつことが大事
今	価値感や目標が多様で変化の激しい時代 →世の中の変化に対応し，自ら解決していく力が大切	知識を組み合わせて使いこなすことが大切

これまでは，たくさん知識や技術（コンテンツ）を持っている人間が，世の中に出ても割と有利だった。しかし，これからはそんなわけにはいかない。世の中にこれだけコンピュータが出てくると，コンテンツに関わる仕事はコンピュータにまかせて，それらを「どう運用するか」というほうに，人間の能力は期待されるようになってきている。

もちろん従来の「正確な知識や技術をもつこと」はこれからも重要である。しかし，それだけでは21世紀に通用する十分な学力とはいえない，ということだ。

これから重要になってくる学力の中心は，生活科や総合的な学習が象徴となっている「自ら学び自ら考える」力だろう。

「自ら学び自ら考える」には，次のような学習スキルが必要になってくる。

1	問題を見つけるスキル
2	聴く・読むスキル
3	調べる・整理するスキル
4	吟味・検討するスキル
5	まとめる・書くスキル
6	覚えるスキル
7	表現する・伝えるスキル

これらを一言でまとめると「考えて発表するスキル」となるだろう。

これらの学習スキルを身につけることで，学校の中の学習だけでなく，社会に出てからも役に立つ生きて働く力を身につけることができる。企業活動・ボランティア活動などでは，「問題を発見し，その問題領域を調べ，それを解決するプランを立ち上げ，提案をし，その問題に関わる人たちで協同的に問題を解決する」ことが必要だからである。

そのためには，単に熱心に活動をするだけでは不十分である。

前提として協同的な問題解決に必要なスキルを身につけるということが重要になる。例えば同じ覚えるスキルでも，単に過去の正しいやり方を蓄えるのではなく，みんなで協同的に問題解決をしていくために必要な「交流可能な知識」を蓄えることが重要になる。

なぜ，学習スキルを
学習ゲームで学ぶのか？

①活動する中で，スキルのよさを知的理解にとどまらず体で理解することができる。
②みんなで楽しくスキルを身につけることができる。

上條晴夫

効率的なスキルの身につけ方

　従来も学習（研究）スキルについて解説した本はたくさんあった。

　不十分ではあるが，勉強の仕方などについて，問題の見つけ方，文献その他の調べ方，まとめ方，発表の仕方などについて，わかりやすく書いた本はあった。

　ただし，スキルの解説をするテキストにとどまっていた。

　それらの本では，あくまで個人が本を読むことでその理屈を理解し，あとは各自が自己研鑽を積むというスタイルだった。学級集団として実際にその学習スキルを使ってみるためのアプローチの仕方が提案されているものはほとんどなかったといってよい。

　例えば，国語辞典の重要性とその使い方を解説した本はあっても，それはあくまでも，個人レベルの知的な理解を促すものにとどまっていた。例えば「30秒以内に小学生用の国語辞典を引ける」というような具体的な目標をもった教室内での実技を伴ったトレーニング法にまではなっていなかった。本書提案の「ゲームで学習スキルを」は教室でもできる，知的理解にとどまらず，体験を通して学ぶことができる点が特徴である。

スキルの修得に関する３つのアプローチ

　学習スキルを考える場合，どうしても自分の体験を中心に考えてしまう。

　自分が知識を身につけたスキルが何となく正しく，それ以外のスキルは不十分であるかのように感じてしまう。自分が体験していないスキルのよさを知ることは難しい。新しいスキルのよさを知るには，領域を限定して簡単な学習方法史を１つ学ぶとよい。

　例えば，学習ゲームに関するちょっと新しいスキルについてである。

　わたしが最近勉強している日本語教育のジャンルでは，この学習ゲームが登場してくるまでに大きな２回の変化があったようである。全部で３つの段階を区別している。

　オーディオ・リンガルメソッドが完成したのは1950年代であるといわれている。日本にも，戦後教育の中で取り入れられ普及した。コミュニカティブ・アプローチは1970年代の初頭に誕生している。オーディオ・リンガルメソッドでは対応しきれない日常的に外国語を使う学習者の需要に基づいて誕生した。より新しいメソッドはそれ以前の方法の不十分な点を補うものとして誕生して，従来の方法を補完する形で広がっている。

　学習スキルにしても，それを知的に理解して，個人の自己研鑽によって修得するものとして考

日本語教育における教授法の変遷

	教授法（アプローチ）の特徴
文法・翻訳教授法 （ＧＴ方式）	テキスト中心。ＧＴ方式の大きな特徴は以下の３つ。１つは書き言葉に極端な比重が置かれていること。２つは文法用語を支柱にする文法教育と語彙教育が重視されること。３つは練習の基本的な手続きとして翻訳が使われること。現在でも多くの人々には、外国語の勉強とは、テキストの文法と語彙を習ってから、そのテキストを母国語に翻訳することであると信じられている。
オーディオ・リンガルメソッド（ＡＬ方式）	録音機中心。ＡＬ方式の大きな特徴は以下の３つ。１つは実際上話し言葉を唯一の対象をしたこと。書き言葉は、「言葉ではない」という説さえ広まった。２つは文法を体系的に教えないこと。文法用語をできる限り使わない。３つはいわゆるドリル中心であること。言語の習得のためには抽象的な理解よりも正しいモデルを何回も繰り返し真似をする必要があると考えた。
コミュニカティブ・アプローチ	アクティビティー（活動）中心。この教授法の大きな特徴は、３つ。１つは学習者に興味をもたせることを軸に単元を構成すること。２つは意志が通じ合う試みを学習の最初から積極的に採用すること。３つはドリルはあっても、それが教授技術の中心ではないこと。中心になるのはタスクと呼ばれる活動である。ここにロールプレイなどと並んで学習ゲームが用いられる。

える限り、学習ゲームが登場する余地はない。しかし、学習スキルは単に解説的な方法やドリル的な方法によってわかっただけでは、自らの生きた力として十分に活用することができない、という点が理解できると、そのよさに気がつくことができる。

学習ゲームのよさとは

学習スキルをゲームで学ぶことのよさは、粗くいって２つある。

１つは、学習スキルの大事さを頭で理解するだけでなく、活動を通して体で理解することができる点である。例えば、記憶学習のやり方１つとっても、よりよい方法を説明されただけでは自分が何となく採用している方法が正しく見えてしまう。実際に漢字10問テストの活動とふり返りをくり返す中でやっと腑に落ちて理解できるのである。

２つは、学習スキルを楽しく集団的に学べることである。学習スキルは個人に根ざしたクセのようなものであって、その方法に固着しがちである。学習ゲームを活用して学習スキルを学ぶと、クラスの子どもたちと楽しく、新しい方法を学ぶことができる。例えば、辞書の速引き競争をする中で、より効果的な学習スキルを学ぶことが可能になる。

つまり固着しがちな学習スキルを主体的に学ぶことができる。

学習スキルゲームの
つくりかた

教材づくりには「上からの道」(教育内容から教材へ)と
「下からの道」(教材から教育内容へ)の2つのアプローチがある。
学習スキルゲームづくりは、「下からの道」すなわち「はじめにゲームありき」である。

上條晴夫

教育内容と教材

現場教師でもまだ「教育内容」と「教材」を区別しない人が少なくない。

教育内容は「何を教えるか」、教材は「どういう素材を使うのか」である。この2つを区別しないと、原理・原則を教えるのに、原理・原則そのものを教え込もうと、学問的なテキストに書いてある内容をそのまま子どもたちに押しつけるようなことになる。あるいは大人社会でよいとされることをそのまま子どもに向けて教え込もうとする。

しかし、これでは逆に子どもは原理・原則を学びにくくなくなる。

教育内容を教えるには、素材・ネタの工夫が必要なのである。

例えば、1本のバナナでも「日本の貿易相手国」を教えるために使えば、社会科の教材になる。ペットボトルで作った噴射ロケットも「圧力の原理」を教えるために使えば、理科の教材になる。また「ジャパネットたかた」のテレビショッピングの販売口調も「説得的な表現方法」を教えるために使えば、国語科の教材になる。

学習スキルもそれを教える「教材」が必要になる。

本書ではそれを「ゲーム」で行う。

学習スキルゲームの2つの作り方

教科の別を問わず、教材づくりを考えるとき、「上からの道」と「下からの道」という2つの概念が参考になる。藤岡信勝著『教材づくりの発想』は次のように書く。

> 第一の方法は、「教育内容」から「教材」へと下降する道である。個々の科学的概念や方法、知識を分析して、それに関連してひきよせられるさまざまな事実、現象の中から子どもたちの興味や関心を引きつけるような素材を選び出し、構成してゆく。これを、教材づくりにおける「上からの道」と呼ぶことにしよう。教材構成における中心的な、オーソドックスな方法は、当然、この「上からの道」である。
>
> (中略)
>
> これに対し、教材づくりの第二の方向は、「教材」から「教育内容」へと進む「下からの道」である。(中略)われわれは日常、さまざまな情報に接しているが、その中で、子どもたちの興味や関心をひきそうな事実にゆきあうことがある。そのとき、素材のおもしろさがまず発見され、しかるのち、事後的にその事実を分析し、おもしろさの意味を反省して、その素材がどんな教育内容と対応しうるかという価値が見いだされる。

「上からの道」とは「教育内容の教材化」，「下からの道」とは「素材の教材化」を意味する。前者が「組織的・系統的方法」であるのに対して，後者は「非組織的・落ち穂ひろい的な方法」である。つまり後者は「素材のもつ面白さの発見」が出発点になる。

学習スキル（のための）ゲームを作るにも，同じく2つの方法が考えられる。

正攻法は，学習スキルの内容を吟味して，それに関連した事実，現象の中からゲームになりそうな要素を探し出し構成してゆく。「上からの道」である。反対に，たくさんある面白いゲームの中から，教育内容として学習スキルを分析して作るのが「下からの道」である。もちろん現実の教材づくりは，どちらか一方ではなく両者の道を往復する。しかし，あえていえば，学習スキルゲームづくりでは，「下からの道」がより大事である。

本書においても，当然，正攻法である教育内容の吟味から学習ゲームを作り出すというアプローチもとられた。しかし，多くの場合は初めにゲームありきのアプローチをとった。

誤解を恐れずにいえば，直感的に，学習スキルを学べそうなゲームをアレコレ探してみて，そこにどんなスキルがあるかを分析する，という手順で本書のゲーム群は作られた。

なぜ「下からの道」なのか。粗くいって2つある。1つは，子どもたちに学習スキルを学ばせるには，何より子どもたちの興味・関心を引き出すものでなくては，子どもたちにそのスキルが伝わらないということである。

もう1つは，現状において，教室で学ぶべき学習スキルの全体像が必ずしも明確ではないということである。いわゆる教科教育のようにコレコレの学習事項をコレコレの順序で学ぶべきと明確になってないからである。

ちなみに，学習ゲームを使った読書指導の方法として「読書へのアニマシオン」というメソッドがあるが，その教材づくりについて開発者のモンセラッド・サルト氏に直接伺ったところ，やはり「まずは子どもの遊びからスタートをする」と話をされていた。

ゲームアレンジの重要性

学習スキルの必要性や重要性を指摘する声が少しずつ出はじめている。

本書はそうした声を具体的方法（ゲーム）として提案するものであるが，学習スキルという教育内容はまだまだ発展途上である。前述のように本書の提案も必ずしも組織的・網羅的に集められたものではない。典型性の高いスキルを中心に編集したものである。

しかし，この作り方が，次の学習スキル教材を生み出していくものと信じる。

新しい教材は，1つの典型的な教材をめぐって，さまざまな教材が渦を巻くように作り上げられていく。その中で，より使い勝手のよい，効果的な教材が生み出されていくのだ。本書の学習スキルゲームも，そのまま真似するだけではなく，自分の学級実態に合わせて，アレンジして使うことが重要になる。それが教材づくりへの参画の試みとなる。

例えば，次のような諸点についてぜひ吟味をしてほしい。

①グループサイズ
②ゲーム時間
③細かなルール

はたしてそのゲームの構成法は学習スキルを身につけるための活動として有効に働いているだろうか。もっとよい構成の仕方はないか。吟味と修正を続けてほしい。

学習スキルゲームの すすめかた

授業展開は「説明＋活動＋ふり返り」で。
「ふり返り」によって体験の学習化をはかる。

上條晴夫

体験的な学習の授業スタイル

学習スキルゲームは体験的な学習の授業スタイルをとっている。

伝統的な「説明中心の授業」「発問中心の授業」とはその運営法が異なる。

モデル的に学習スキルゲームの授業展開を図式化すると、およそ次のようになる。

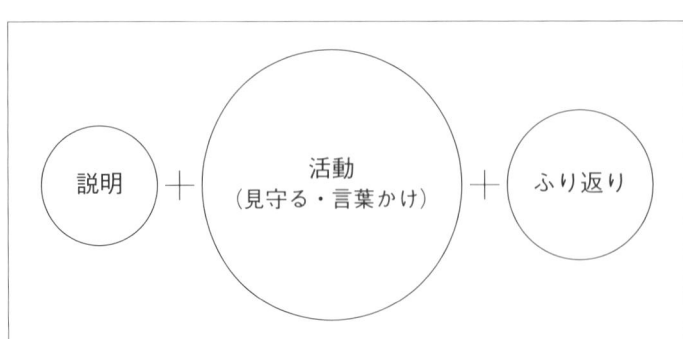

最初のゲーム説明のポイント

まず真っ先に授業冒頭でゲームの全体像について説明をする。

例えば、「グループ対抗辞書速引き競争」をする場合、以下のように言う。
・グループ対抗辞書速引き競争をします。

従来の授業のように、教師が学習者に次々と話題を提示して話を進めたり、発問を次々とくり出し、順序よく内容を理解できるようにする「手を引く」作業を行わない。

次にゲームのルールを説明して学習の場を設定してしまう。

①先生の言った言葉を国語辞典で調べます。
②見つけたら右手の人さし指でその言葉を指して席を立ちます。
③グループ全員が見つけたら、リーダーの指示で全員着席します。
④早く座れたグループの勝ちです。
⑤1回戦は全部で5問です。総合得点がいちばん高いグループが優勝です。

このルール説明は箇条書き方式で行う。その方がモレやオチがなくなる。

ゲームの目的・概略を述べた上で、ルールの数を明示し、1つずつそのルールについて詳しく説明していく。そうすることによって学習の場が共有できる。

場合によっては子どもと簡単な学習の約束をしたりする。

ゲーム活動を促す診断と処方

学習ゲームのような体験型の授業をすると、授業は大いに盛り上がる。

教師は、活動の「よく動いている部分」（光

の部分）に着目し，「盛り上がっている」と喜ぶ。しかし教師が本当に着目しなければならないのは「あまり動きのない部分」（陰の部分）の方である。そこに働きかけることこそ教師の仕事である。

さきの「グループ対抗辞書速引き競争」でいえば，この活動をリードして，「勝った」「負けた」と大騒ぎしている学習者は，このゲームの仕掛けにうまく乗ってくれた学習者なので，取り立てて支援する必要はない。活動が上滑りして，ねらいであるスキルから離れてしまわないように監視するだけでよい。

教師が着目すべきは，例えば「辞書速引き」で速く引けない子どもたちである。

彼らがなぜ速く辞書を引けないのか，学習者の動きに注目する。

速く辞書引きができない学習者をよく見ていると，当該の言葉を辞書から探し出す活動をするのに以下の2つの動きが発生する。1つは言葉が「2音目以降もあいうえお順」に並んでいることを知っていれば起こらないような，とんちんかんな場所からその言葉を探し出す動きである。2つは，ページにある言葉を順序よく見ていくことができず，目が辞書から離れてしまって探すべき言葉を飛ばし読みしてしまうという動きである。

こうした動きを見つけた場合，教師はどうしたらよいだろう。

まず，できる限り子どもたちどうしの教え合いで，それが解決できないかを考える。例えば，1つ目の「2音目以降もあいうえお順」というような知識は，子どもたちどうしの教え合いを促すことで大半が解決する。問題は目が辞書から離れる動きである。これもできれば，子どもたちどうしの教え合いで解決するようにしたい。しかし，それができないようであれば，

「言葉を探すときは指を使って順序よく探していきます」などと助言する。

ゲームは仕掛けである。スキルが仕掛けの中で身につくように示唆をする。

ふり返りの技法

ふり返りの方法にはさまざまなやり方がある。

「一人で書く」「ペアで対話する」「グループでおしゃべりする」「全体でやりとりする」などである。使える時間，課題などに合わせてふり返りの仕方を選択する。

当然，書かせ方・話させ方の工夫が必要になる。次の3点である。

---
①「書くこと」「話すこと」の学習上の意味・意義を十分に説明する。
②「書き出し」「話し出し」のキーワードを与えるなどのキッカケを与える。
③「短くてよい」あるいは「○分がんばる」のような数値目標を示す。

体験的な学習をする場合，この「ふり返り」が1つの踏ん張り所である。例えば，わたしは大学生に体験的な学習をさせると，必ずふり返りレポートを10分間書かせる。学生たちは，講義の中で，この時間がいちばんキツイと言うが，ここが体験の「学習化」にとってもっとも重要な作業であることを説明し，くり返しこの課題に挑戦させている。

ここで引いてしまっては，「腑に落ちる学習」にならないからである。

第1章のガイド

進藤聡彦

　この章では，問題を見つけるための学習スキルを取り上げる。問題を見つける力の育成は近年の教育課題の1つになっている。ところが，「問題を見つけること」はそうたやすいことではない。事物を当たり前のものとして見ていたのでは問題は見つからないのである。問題が見つけられるためには，問題を発見しようとする心構えをもつことが条件の1つになる。また，そうした構えをもつだけではダメで，問題を発見する具体的なスキルをもっていることが必要である。最初に提案される「**番号作文コンテスト**」と2番目の「**箇条書きマラソン**」はそうした問題を見つけようとするときのスキルに関連した提案である。

　まず，「**番号作文コンテスト**」は身近なもの（今回の実践ではマジック）について「発見」をさせるゲームで，「**箇条書きマラソン**」は資料（今回は自動車工場の航空写真）からの「発見」数を競わせる。このゲームを通して，前者では新たな発見などはないように思えるものであっても，発見しようする構えで見るとさまざまな発見があること，後者では教科の資料からさまざまな情報を読みとることができることを子どもたちは実感できるであろう。こうした経験が問題を見つけようとする構えをもとうとする態度につながるし，ここでの課題のように書き出す作業が問題の発見を促すスキルであることを学ぶであろう。

　3番目の「**マインドマップゲーム**」は1つの言葉から思いつく言葉と絵を交互に連想ゲームのようにワークシート上につなげ，最も多くの項目をつなげた者が勝ちというゲームである。作文や調べ学習で，あるテーマを追究しようとするとき，その内容は決まり切ったものになりがちである。そのようなとき，テーマを基に連想していく方法は発想を広げるのに有効で，「マインドマップ」を作ることは連想のネットワークを広げる具体的な手段（学習スキル）になっている。

　4番目の「**反論スピーチコンテスト**」は，「風が吹けば桶屋が儲かる」のような命題の前提項，帰結項を結びつける理由の論理が不十分な文章の不合理な点を見つけ出して，反論を書くゲームである。文章の誤字や作文の形式に関する指導は行われがちだが，論理指導が系統的に行われることは少ない。このようなゲームを導入期に用いて，子どもの書いた説明文を素材に同様のゲームに発展させれば論理性の育成につながるだろう。

第 **1** 章

問題を見つけるスキル

番号作文コンテスト──22
箇条書きマラソン──26
マインドマップゲーム──30
反論スピーチコンテスト──34

観察から多くのことを発見するスキルを身につける

番号作文コンテスト

神吉　満
（かみよしみつる）

●このゲームのよさ　1つのものを観察して、発見したことを書いていくゲーム。10分間で10個を目標とする。子どもたちは、10個の発見をするために、普段見過ごすような小さなことまでじっくりと観察しようとする。さらに、コンテストをする際に友達の書いたものを読むことで、自分になかった観察する視点に気づくことができる。

●準備
・観察するもの（今回はマジックを人数分）
・ワークシート、ふり返りシート（ノートなど）

●バリエーション
【理科】観察の学習。特に生物をあつかう単元で、植物や昆虫の観察をする際に、発見したことを書く。
【社会】資料を読みとる学習。グラフや統計資料などを見て、その資料からわかることや疑問に思うことなどを書く。

●ゲームの由来と参考文献

上條晴夫著『子どもが熱中する作文指導20のネタ』（学事出版）にある「番号作文」をコンテスト形式で行った。原実践では、観察して発見したことをできるだけたくさん書き、その中で1番の発見を選んで発表している。本実践では、発見する個数を10個と具体的に示した。また、できるだけ多くの発見にふれさせるために、発見したものすべてを読み合うようにした。みんなが「なるほど」という発見が多いものをよい作品とした。

| 国語 | 社会 | 算数 | 理科 | 総合 | 特活 |

●展開例 [45分] ●

説明（5分）

> いまから「番号作文コンテスト」というゲームをします。
> みんなの観察する力をつけるためのゲームです。
> みんなが「なるほど」と思うような発見をたくさんできた人が勝ちです。

・机は前に向け、隣どうし離しておく。

> さっそくゲームをします。やり方は、次のとおりです。
> ①教師が指定したものをよく見て、発見したことをワークシートに箇条書きする。
> ②書いたことをグループで読み合い、グループチャンピオンを決める。
> ③グループチャンピオンの書いたものを発表する。

・ワークシートを配り、書き方を説明する。
・マジック（観察するもの。本実践ではゼブラ株式会社の『ハイマッキー』を使用）を配る。

活動（30分）
　作文づくり〈12分〉

> それでは、いま配ったマジックをよく見て発見したことを書きます。
> 目標は10分間で10個の発見をすることです。用意、スタート！

・発見は最高10個とし、10個以上になる場合は、みんなが「なるほど」と思いそうなものの10個にしぼるようにする。
・作文を書く前に、観察だけをする時間を2分間とる。
・机間巡視をして、『○○くん、3個目に突入です』というふうに、実況中継をする。
・時間がきたところで、4人グループで机を向き合わせる。

　読み合い・コンテスト〈8分〉

> グループで友達の書いた作文を読み合います。読み終わったら、「なるほど」と思う発見をより多く書いていた人を心の中で1人決めます。

・クラスの全員が心の中に決めたところで「せーの、ドン！」でその人を指さす。
・グループの中でいちばん多くの人から指さされた人が、グループチャンピオンとなる。指さした人数が同じ場合は、どちらもグループチャンピオンとする。
・グループチャンピオンが決まったところで、机を前に向ける。

　作文紹介〈10分〉

> グループチャンピオンになった人は、自分が書いた作文を紹介します。

・教室の前に出てきて自分が書いた作文を読む。
・みんなの前で読むのが苦手な場合は、教師が読んで紹介してもよい。
・作文を聞きながら、本当にそうなっているか実物を見て確かめる。

ふり返り（10分）

> 今日のゲームをふり返って、「気づいたこと」「考えたこと」などできるだけたくさん書きましょう。

・子どもたちが書きにくいようであれば、「いちばんすごいと思った発見」のようにふり返る視点を与える。
・書いたことを発表し、ふり返りを共有する。

番号作文コンテスト

年　　組　名前（　　　　　　　　　）

- 先生が指定したものを見て発見したことを書きます。
- 目標は10分間で10個の発見をすることです。
- 10以上みつけたときは，みんなが「なるほど」と思うものから10個選びましょう。

（私・ぼく）が，（　　　　　　　　　）を見て発見したことは，10個ある。

① _____

② _____

③ _____

④ _____

⑤ _____

⑥ _____

⑦ _____

⑧ _____

⑨ _____

⑩ _____

この10個が，（　　　　　　　　　）を見て発見したことだ。

● 活動の様子と子どものふり返り ●

活動の様子――新たな発見が次の観察の意欲に

　本実践ではマジックを見て，35人中27人が10個の発見をすることができた。マジック1つから10個の発見ができたことに，子どもたちは喜んでいた。本実践で，グループチャンピオンになった作品を紹介する。

> わたしが，マジックを見て発見したことは10個ある。
> ① 太い方と細い方がわかるように書いている。
> ② 失敗しないように，どんなものに書けるかが書いてある。
> ③ 変なことにならないように注意が書いてある。
> ④ 太い方の先は，少しななめになっている。
> ⑤ マジックの長さは約14cmだった。
> ⑥ キャップの部分だけデコボコ。(転がりにくくするため)
> ⑦ いろんなところに数字や英語が書いてある。
> ⑧ 太い方のキャップの先だけ丸い穴がある。
> ⑨ 細い方のキャップの先にはZみたいなマークがある。
> ⑩ 「マッキー」と書いてあるのが2つあって，1つはカタカナ，もう1つは「Mckee」と書いている。
> この10個がマジックを見て発見したことだ。

　学級全員でたくさんの発見をしたことで，「マジックにはもっと秘密があるのでは？」「ほかのものにもたくさんの工夫があるだろう」と考えたようである。9割近くの子どもたちが，「おもしろかった」「別の物でまたやってみたい」とふり返った。

子どものふり返り

●自分がみつけたことが1番と思っていても，他の人はもっとすごい発見をしていた。自分とは違う発見があって知恵が増えた。

　グループチャンピオンになった子どもの感想である。友達の発見から，自分にはなかった観察の視点を見つけることができたようである。

●Sくんは，「発見したこと」＋「自分の考え」を書いていたのがすごかった。

　発見したことに，自分なりの予想や疑問などをつけ加えるよさに気づいているのがすばらしい。発見から知的な追究活動へのつながりを感じさせる。

●見る力が強い人は，数が少なくても中味がすごかった。

　発見の数ではなく，発見の中味をよく吟味したところがすばらしい。実際にこのグループでは，6個しか書けなかった子どもがチャンピオンになっている。

●残念だった。もっとくわしく見る時間がほしかった。

　9個で発見がストップした子どもの感想である。時間があれば10個発見できそうな場合は，多少時間をのばしてもよかった。

資料から多くの情報を読みとるスキルを身につける

箇条書きマラソン

神吉　満
（かみよしみつる）

● このゲームのよさ　1つの資料を見て，発見したことをできるだけたくさん書くゲーム。子どもたちは，長時間かけて資料を見ることになる。そのため，短い時間ではなかなか気づかない資料の細かなところにまで目が向くようになり，その中にある多くの情報を読みとるようになっていく。発見の数を追求することで，1つの資料の中にも多くの情報があることに気づくことができる。

● 準備

- 資料（人数分）
- ワークシート（ノートでもよい）
- ふり返りシート（ノートでもよい）

● バリエーション

【体育(保健)】ケガの防止の導入。教科書の絵から危険な箇所をできるだけたくさん発見する。
【総合】環境や福祉の学習の導入。副読本などにある1枚の絵から，それらにかかわる問題点を見つけだす。

● ゲームの由来と参考文献

　有田和正著『子どもの「見る」目を育てる』（国土社）の中に，鎌倉時代の1枚の絵から気づいたことを思う存分ノートに書かせるという実践がある。原実践では，60分間で各自が発見したことをノートに書くようになっている。修正した点は，1単位時間で実践できるように時間を30分間としたことと，たくさん発見した人が勝ちというようにゲーム感覚を取り入れたことである。

| 国語 | **社会** | 算数 | 理科 | 総合 | 特活 |

●展開例 [45分] ●

説明（5分）

> いまから「箇条書きマラソン」というゲームをします。この自動車工場の写真（航空写真）から，誰がいちばんたくさんの発見ができるか競争です。
> ゲームのやり方を説明します。
> 　①制限時間は30分間。
> 　②とにかくたくさん発見した人が勝ち。
> 　③1番になった人の発見を聞く。

・机は前に向け，隣どうし離しておく。
・資料（社会の教科書〈教育出版 小学社会5上pp.62〜63〉の自動車工場の航空写真のコピー）を配る。
・ワークシート（B4に拡大したもの）を配り，疑問に思ったことは「？」，自分の予想は「→」をつけるなど書き方を確認する。
・ノートに書く場合は，何個書いたか一目でわかるように，番号のあとに書かせるようにする。

活動（35分）

> 制限時間は30分間です。用意，始め！

・5分ごとに時間の経過を知らせる。
・机間巡視をしながら，『○○くん，7個目突破です！』と実況を入れる。
・『「〜がある」なるほどねぇ』と，書けない子どものヒントになるように，いくつか読み上げる。
・数が少ない子どもには，『10個突破おめでとう！』などと励ましの声をかける。
・ワークシートに書くスペースがなくなりそうになったら，手を挙げさせて新しいワークシートを渡す。
・時間になったところで鉛筆を置かせる。

> 誰がいちばんたくさん発見できたか確認します。

・同じことを2回書いていないかサッと確認させる。
・全員起立させて，『20個以下の人は座ります』と，だんだん座らせていき，数人になったところで個数を発表させると盛り上がる。
・1番になった人には，みんなで拍手を贈る。
・1番の人には，自分の発見をみんなに紹介してもらう。
・友達の発見を聞くときには，資料を見ながら確認するようにする。

ふり返り（5分）

> 今日の活動をふり返って，感想を書きましょう。

・「思ったこと」「考えたこと」などを箇条書きにして，できるだけたくさん書かせる。

箇条書きマラソン

年　　組　名前（　　　　　　　　）

○資料を見て発見したことをできるだけたくさん書きます。
○制限時間は30分間です。
○書くところがなくなりそうになったら，手を挙げて新しいプリントをもらいます。
○疑問に思ったことは「？」，自分の予想や考えは「→」を，発見に続けて書きます。

1
2
3
4
5
6
7
8
9
10
11
12
13
14
15
16
17
18
19
20

● 活動の様子と子どものふり返り ●

活動の様子──時間をかけることで細部まで見るようになる

　絵や写真を見て発見したことを書くことは，授業場面でもよくある。ただし，その時間は長くても10分程度である。いままでと同じ感覚で資料を見ていると，10分くらいで鉛筆がストップしてしまう。でも，時間はまだ20分も残っている。時間があるので，子どもたちは同じ資料を何度も何度も見直す。自分では「もうこれ以上ない」と思っていても，友達はそれよりもたくさん見つけている。すると，「まだあるぞ！」と思ってあきらめずに探すようになる。その過程で，次第に資料の細部にまで目が向くようになっていった。子どもたちの感想には「細かいところまでずっと見ていたので目が痛くなった」というものが複数見られた。

　また，多く書けた子どもも，あまり書けなかった子どもも，1つの資料からたくさんの発見ができたことに喜びを感じていた。「次はもっとたくさんみつけたい」と多くの子どもがふり返った。

　本実践では，いちばんたくさん発見できた子どもで59個だった。いちばん少なかった子どもは11個であった。原実践では，鎌倉時代の武家屋敷の絵から60分間で最高104個の発見をしている。いちばん少ない子どもでも40個以上見つけている。子どもの力や時間の問題もあるが，多くの発見がある資料を準備することが重要である。

子どものふり返り

●はじめはあんまりみつけられなかったけど，慣れるとみつけられた。

　はじめは資料を見ていてもなかなか発見できない。どういうふうに見ていいのかがよくわからないのである。それが，時間をかけて資料を見ることで，発見することに慣れていっている。ゲームの始めと終わりで，自分自身の資料の見方が変わってきていることに気づいた感想である。

●小さく細かい部分まで見ると，みつけられることがたくさんあった。これ以上みつけられないというくらいみつけられるようになったらいいです。

　資料の細部までていねいに見ていくことで，多くの発見ができることを経験した子どもの感想である。より多くの発見をするために，どのように資料を見たらいいのかという，資料の見方に気づいた感想といえる。

●ぼくは20個も発見しました。楽しかったです。

　20個は，学級の中でも少ない方である。しかし，20個も発見したことが，子どもの自信につながっている。机間巡視のときに，発見の数が少ない子どもに「20個越えたらすごい！」「この発見は，クラスで1人だけだね」など，その子に合った目標を示したり，中身について声をかけたりするとよい。

ものごとを関連づけて創造的に思考するスキルを身につける

マインドマップゲーム

平嶋　大
（ひらじまだい）

●このゲームのよさ　1つの言葉を中心に書き，その言葉に関連した言葉や絵をできるだけたくさんつなげていくゲームである。班ごとに相談をしながら，発想の広がりを競うことで，創造的に思考する力が鍛えられていく。このゲームのポイントは，言葉だけでなく絵も描かせることにある。これにより，左脳と右脳の働きの両方を活性化させることができる。

●準備

・ワークシート（班の数分。A3に拡大コピーする）

●バリエーション

【国語】中学年以上，「作文単元」の導入。遠足，運動会などの言葉をテーマとし，マインドマップゲームを行う。作文を書くための材料を言葉や絵でイメージすることができる。

【社会】中学年，「地域の施設」のまとめ。消防署，警察署，公民館などの施設を見学したあと，それらの施設名をテーマとし，ゲームを行う。名称だけでなく，発見したものの絵なども描かれ，その後の学習展開へのきっかけ作りにも役立つ。

●ゲームの由来と参考文献

トニー・ブザン著（田中孝顕訳）『人生に奇跡を起こすノート術　マインドマップ放射思考』（きこ書房）にあるマインドマップの作成のしかたをもとにゲーム化した。マッピングやウェビングとも言われる手法に，絵を描かせることを導入することで，創造的な思考を高めることができる。

国語 社会 算数 理科 総合 特活

●展開例 [25分] ●

説明（5分）

「マインドマップゲーム」をします。ものごとを関係づけて考えたり，創造的に考えたりする力をつけるためのゲームです。

・クラスを4人一組の班に分け，班に1枚ずつワークシートを配る。

ルールを説明します。1つの言葉から思いつく言葉と絵を，できるだけたくさん書いてつなげていくゲームです。
　①ワークシートの中心にテーマとなる言葉を書く。
　②「よーい，ドン」の合図で，4人それぞれが，テーマから伸びた線の先にテーマから思いつく「絵」を描く。描き終わった「絵」を丸で囲む。
　③「絵」から線をのばし，その「絵」から思いつく「言葉」を書き，丸で囲む。
　④同様に，絵→言葉→絵→言葉と交互に繰り返してつなげていく。
　⑤制限時間3分以内に，言葉と絵をいちばんたくさん書けた班の勝ち。

・完成したものをマインドマップと呼ぶことを知らせる。

活動（10分）

それでは，ワークシートの中心にテーマとなる言葉を書きます。テーマは「学校」です。制限時間は3分間。よーい，ドン。

・絵の出来については問わない。まずは，絵で表現できたことをほめていく。
・なかなかイメージできない子どもがいる班には，班の中で助言し合うように助言する。
・教師は机間巡視をしながら，進度や面白い発想を実況中継する。
・時間になったら書くのをやめさせる。
・班ごとにいくつ書けたかを数えさせ，勝敗を決める。

ふり返り（10分）

全体でのふり返り〈5分〉

隣の班とマインドマップを交換してください。書かれた言葉や絵のつながりで，いちばん「おもしろい！」と思うものを選んでください。

・班ごとに選ばせ，1つずつ発表させる。
・「『○○』の絵から『△△』の言葉へのつながりがおもしろかったです」というように，つながりを発表させる。
・予想外の発想が見つかると，子どもたちの感心する声があがる。

個人でのふり返り〈5分〉

今日のゲームをふり返ります。「とてもおもしろかった」「まあまあおもしろかった」「あまりおもしろくなかった」「つまらなかった」から1つを選び，その理由を書いてください。

マインドマップゲーム

(　　　　　　　　)班

■ **1つの言葉（テーマ）から思いつく言葉や絵を，できるだけたくさんつなげていきましょう。**

① ワークシートの中心にテーマとなる言葉を書く。
② 「よーい，ドン」の合図で，4人それぞれが，テーマから伸びた線の先にテーマから思いつく「絵」を描く。描き終わった「絵」を丸で囲む。
③ 「絵」から線をのばし，その「絵」から思いつく「言葉」を書き，丸で囲む。
④ 同様に，絵→言葉→絵→言葉というように繰り返してつなげていく。
⑤ 制限時間は3分。言葉と絵をいちばん多く書いた班の勝ち。

● 活動の様子と子どものふり返り ●

活動の様子──発想の広がりを楽しむ

　ある子どもは，テーマの「学校」から次のように関連づけていった。「えんぴつ（絵）」→「ノート」→「マス（絵）」→「サイコロ」。「学校」というテーマから考えると，最後の「サイコロ」にはまったく関連性が見えないが，「マス（絵）」→「サイコロ」となった発想の転換が，たいへん面白い。実はこの子どもは，「マス」の絵を6マスで表したのだ。その6マスから思いついたのが「サイコロ」だった。おそらく，絵を描かなければ，「サイコロ」にはつながらなかったと思われる。絵を描かせることで，発想や創造性に幅が出てくることがわかった。

　2回目に，「夏」をテーマにしてゲームを行った。すると，班によって大きくジャンルがわかれた。1つの班では，「かき氷」「すいか」など食べ物に関連するものが多く，もう1つの班では，「セミ」「海」など自然に関連するものが多く書かれていた。交流の中で，「あーっ！」と感心する子どもたちの声があがり，発想の幅の広さに触れることにつながった。

子どものふり返り

●とてもおもしろかったです。なぜかというと，絵を描くのや，文字を書くのがすごく楽しかった。絵作戦のおかげでした。

　この班では，絵を描くときに，お互いにアイデアを出し合っていた。「絵作戦」とは，そのことを指している。絵の得意なこの子が次々と書き方を教えていた。絵で発想を広げることが得意な子どもと，言葉で広げることが得意な子どもがいれば，班の中で，より創造性に富んだマインドマップが作られることになる。

●とてもおもしろかったです。なぜかというと，ドキドキして楽しかった。絵や文字を書けていた。（いつのまにか）

　「（いつのまにか）」という感想に注目したい。思わず夢中で書いてしまったようだ。イメージを広げる楽しさを十分に味わっていた様子がうかがえる。

●とてもおもしろかったです。勝てなかったけど，みんなで協力できたからよかったです。

　この子の班は，お互いに教え合い，会話がはずんでいた。お互いの発想を交流させることで「協力できた」とふり返ったようである。

実際の実践状況

　3・4年生複式学級（3年生4名，4年生2名，計6名）で実践した。3人1組の班に分けて行った。

論理的な矛盾点を見つけるスキルを身につける
反論スピーチコンテスト

中村　健一
（なかむらけんいち）

●このゲームのよさ　このゲームは，「鋭い！」と思う反論を互選方式で選ぶゲームである。鋭い反論をするために，まず必要なのが，どの点が弱いのかを見抜く力である。これを友達の反論を聞くことで，どこをねらった反論が鋭いのか，自分と他人の視点の違いを学び合うことができる。このゲームで学んだ力は，学級会や授業の話し合いに生きてくる。

●準備

・ワークシート

●バリエーション

【理科】「植物の成長に日光が必要か？」を調べる実験で。日なたの植物には肥料をとかした水を，日陰の植物にはただの水をやり，日なたの植物がよく育ったとする。「日光が必要」と結論づけてよいか？　論理的な矛盾点を見つけさせる。

【総合】ＣＭのおかしな点を１点だけ見つけさせ，鋭い意見を「簡単コンテスト」で選ぶ。国語で物語文や説明文を批判的に読むときにもこの「簡単コンテスト」が使える。

●ゲームの由来と参考文献

池内清氏の「反論スピーチを鍛える」（『授業づくりネットワーク』No.116，学事出版）を単純化したものである。おもな修正点は３つ。①新聞の投書でなく，子どもの書いた「リンク作文」（上條晴夫編著『論理的な表現力を育てる学習ゲーム』学事出版）を教材文にしたところ，②議論の流れを最初からワークシートに示しておいたところ，③原稿用紙２枚の規模を短くしたところ，である。

● 展開例 [45分] ●

説明 (5分)

「風が吹くと，ブタが泣きます」いまから，その流れを説明する作文を読み聞かせます。「おかしい」と思うところをノートに箇条書きしながら聞いてください。

- 次の作文例を読み聞かせる。ゆっくりと3回繰り返す。
  　風が吹きます。そうすると，車が飛んでいきます。そうすると，お母さんが「お前がかくした」と子どもをしかります。そうすると，子どもが怒ってブタをたたきます。八つ当たりです。そうすると，ブタが泣きます。
- ノートに書いた「おかしい」と思うところを発表させる。『どうしておかしいの？』とツッコみ，反論を言わせる。『なるほど！』と肯定的に聞く。

活動 (37分)

作文例読み聞かせ 〈5分〉

「反論スピーチコンテスト」をします。目的は，筋の通っていないところを見抜く目を育てること。問題文に鋭い反論スピーチをした人が勝ちです。

- 次の作文例を読み聞かせる。小学5年生が作った作品であることを紹介する。
  　風が吹きます。そうすると，体が冷えます。そうすると，温かい物を飲みたくなります。そうすると，ブタ汁がはやります。そうすると，人がブタを捕まえ，殺そうとします。そうすると，嫌がりながらブタが泣きます。
- ワークシートを配る。

スピーチ原稿作り 〈15分〉

枠囲みの中の（例）のように横やりを入れ，反論を書きます。そのあとで，ワークシートの形式に従ってスピーチ原稿を書きます。

- 反論のキーワードは，「本当に？」「どうして？」であることを説明し，板書する。
- 横やりを入れ，反論を書く時間は，10分間。スピーチ原稿を書く時間は，5分間。

スピーチコンテスト 〈17分〉

「反論スピーチコンテスト」をします。ルールは次のとおりです。
　①班での予選。班の中で順番にスピーチをしていく。
　②いちばん「鋭い！」と思った人を「せーの，ドン」で指さし，班代表を決める。
　③班全員で班代表の原稿を見直す。（2分）
　④決勝戦。班代表がクラス全員の前でスピーチをする。
　⑤投票で1位を選ぶ。選ばれた班が優勝。

- 6人班をつくらせる。
- ゲームの進行は教師がする。班での予選は，次のような流れで行う。
  　発表の順番を決めさせる。→1番目にスピーチする人を立たせる。→スピーチが終わったら座らせる。→全部の班が座ったら，2番目にスピーチする人を立たせる。
- 決勝戦では，挙手による投票で1位を選ぶ。自分の班代表には投票しない。

ふり返り (3分)

今日のゲームをふり返って，「授業感想文」を書きましょう。時間は3分。

- 「面白かったか？」を5段階評価させ，その理由を書かせる。

反論スピーチコンテスト

年　　組　名前（　　　　　　　　　）

■ 読み聞かせた作文は，次の流れで書かれています。
（例）のように横やりを入れ，反論を書きましょう。
反論のキーワードは，「本当に？」「どうして？」です。

風が吹きます。
↓
体が冷えます。
↓
温かい物を飲みたくなります。
↓
ブタ汁がはやります。
↓
人がブタを捕まえ，殺そうとします。
↓
嫌がりながらブタが泣きます。

（例）風が吹きます。
↓
　　車が飛んでいきます。　　　　　← 本当に？　風の力で車が飛ぶの？
↓
　　お母さんが「お前がかくした」　← どうして？　お母さんは子どもを疑うかなあ？
　　と子どもをしかります。
↓
　　子どもが怒ってブタをたたき　　← 本当に？　ブタがいる家なんてあるかなあ？
　　ます。八つ当たりです。　　　　← どうして？　ブタをたたいて気が晴れるの？
↓
　　ブタが泣きます。　　　　　　　← 本当に？　ブタは痛いと泣くのかなあ？

■ スピーチ原稿を書きましょう。「　　」にいちばんおかしな部分を引用します。
そして，「なぜなら」のあとに反論を書きます。

この作文に反論します。

「　　　　　　　　　　　　　　　　　　」と書いてありますが，それは間違いです。

なぜなら，
………

………

………

以上の理由で，この作文は間違っています。

● 活動の様子と子どものふり返り ●

活動の様子――「鋭い！」反論は弱点を見抜く目をもっている

　今回使った作文は，論理的に穴だらけのものである。あえて，穴だらけの作文を使うことによって，どの子も夢中になってその穴を見つけることができた。
　優勝したスピーチは，次のようなもの。

> 　この作文に反論します。
> 　「人がブタを捕まえ，殺そうとします。」と書いてありますが，それは間違いです。
> 　なぜなら，普通一般の人がブタを捕まえて殺したところを，みなさんは見たことがありますか？　ブタ肉なら，普通にスーパーに売ってるんじゃないですか？　ブタ汁が飲みたくなって，ブタを殺しに行く人はいません。
> 　以上の理由で，この作文は間違っています。

　他のスピーチは，「ほかにも温かい飲み物はあるはずだ！」と「ブタ汁がはやります」に反論したものが多かった。それに比べて優勝者のスピーチは，ねらいどころがすばらしい。たしかに「ブタ汁がはや」ったからといって，「人がブタを捕まえ，殺そうと」するわけはない。論理的に飛躍がある。反論しやすい弱点をよく見抜いている。

子どものふり返り

●**おかしな所をさがすのがとても楽しかった。**

　「おかしな所」，つまり矛盾点を「さがす」作業に子どもたちは夢中になった。教室がシーンとし，鉛筆の音だけが聞こえる状態である。「とても楽しかった」と知的な楽しさを感じてくれていた。

●**自分では気づいていないところでも，他の人から見れば変だなぁと思うところがたくさんあって，おもしろかった。**

　「変だなぁ」とは，まさに論理的な矛盾点のこと。「他の人」が「自分では気づいていない」矛盾に気づいていることを「おもしろかった」と感じてくれている。学び合いをしているのがわかる。

●**○○君（優勝者）の「ブタを殺しに行く人は見たことない」は，なるほどな〜と納得した。でも，僕はこの部分をおかしいと思ってなかった。**

　「おかしいと思ってなかった」から，優勝者の反論した「部分」が意外なところであったことがわかる。友達が反論する視点の鋭さに驚いているのがいい。また，その反論に「納得」しているのがいい。これも学び合いをしているのがわかる。

第2章のガイド

進藤聡彦

　この章の最初の2つの提案は，「訊く」ことに関する学習スキルを取り上げている。まず，**「隠し言葉当てゲーム」**はあらかじめ決められた物について「イエス・ノー」タイプの質問をして，それが何かを当てさせるゲームである。次の**「嫌いな食べ物当てクイズ」**は，出題者が3つの好きな食べ物とその理由についてスピーチをする。ただし，そのうちの1つは嫌いな食べ物であり，それを質問により暴き出すというゲームである。これらのゲームに勝つためには本質的な質問を選ばなくてはならない。だから，どのような質問が正解に迫る質問なのかといったことの学習になり，潜在的には論理的な思考を育成するゲームともなっている。

　加えて，提案者が「隠し言葉当てゲーム」のバリエーションとして挙げている立体の学習で，複数の立体の中からなるべく少ない質問数で「当たり」を当てさせるようにすれば，その立体の性質を深く理解することにもつながる。なお，両実践ともに普段の授業ではほとんど質問をしない子どももこのゲームでは質問をしたとのことだから，質問をしようとする態度の形成にも役立つゲームといえる。

　3番目の**「リピートスピーチゲーム」**では「聴く」ことに関連したメモのとり方の提案で，あらかじめメモのとり方を具体的に教えた上で，先生のスピーチを聴きメモをとらせ，そのメモに基づいてスピーチを再現するというものである。ノートのとり方については，しばしば指導が行われる。しかし，メモのとり方はたいへん重要な学習スキルでありながら，これまで直接的に具体的な方法にまで触れて指導されることは少なかったように思う。学習スキル自体を直接的にゲームに組み込んだ好提案である。このゲームでしばらくメモとりの練習をさせた後，通常の授業でもメモとりをさせ，それぞれの工夫を発表し合うような展開にすれば，さらに子どものメモとりスキルは洗練され，日常の学習でも役立つだろう。

　4番目の**「3分間音読コンクール」**は制限時間内に輪読をして，どこまで読めたかの記録の更新を目指す。その際，間違えたら次の人に交替する。小学生にとって教科書を繰り返し読んでいても面白くない。ここにゲームを導入する意味がある。さらに，この提案では「間違えやすい言葉」などをメモさせて，次回の読みにつなげている。これは自分の読みの特徴を知り，誤りやすい点に注意させる機能をもつから音読のスキルの改善に資する活動といえるだろう。

第 2 章

聴く・読むスキル

隠し言葉当てゲーム──40
嫌いな食べ物当てクイズ──44
リピートスピーチゲーム──48
3分間音読コンクール──52

積極的に質問しようとする態度を身につける
隠し言葉当てゲーム

中村　健一
（なかむらけんいち）

●このゲームのよさ　このゲームは、「イエス」「ノー」で答えられる質問によって、隠された言葉を当てるゲームである。2分間という限られた時間で正解にたどり着ければ勝ち。テンポよく質問することが必要である。そのため、子どもたちは、積極的に次々と質問するようになる。わからないことを積極的に質問しようとする態度は、学級会やすべての授業に活きてくる。

●準備

・B4の紙11枚
・ワークシート10枚
・キッチンタイマー（ストップウォッチでも可）

●バリエーション

【算数】立体の学習で。出題者が三角柱などの立体を1つ隠す。質問者は「側面は平面ですか？」など「イエス」「ノー」で答えられる質問をして、立体を当てる。質問の数が少ない人が勝ち。
【社会】歴史人物当てクイズ、県名当てクイズなど。
【理科】植物の名前当てクイズ、液体当てクイズなど。

●ゲームの由来と参考文献

喜岡淳治氏の「隠し言葉当てゲーム」（上條晴夫編著『論理的な表現力を育てる学習ゲーム』学事出版）の修正追試。団体戦にした点、「教室にある物」と範囲を絞った点がおもな修正点である。また、後藤夏子氏の実践（上條晴夫・菊地省三編著『小学校国語の学習ゲーム集』学事出版）からトーナメント戦のアイデアをいただいた。

| 国語 | 社会 | 算数 | 理科 | 総合 | 特活 |

●展開例［45分］●

説明（5分）

○○くん（クラスから1人選ぶ），前に出て来てください。教室にある物を1つ書きなさい。先生の質問に「イエス」「ノー」で答えます。2分間で君が書いた物を当てられたら，先生の勝ち。当てられなかったら，君の勝ちです。

・代表者は，B4の紙に答えを書き，教師以外のみんなに答えを見せる。
・『先生がいい質問をしたら，拍手で応援してください』と頼む。
・「イエス」「ノー」の答えがおかしかったら，「え～！」と言ってくれるように頼む。
・教師は，『動く物ですか？』『先生が使う物ですか？』『クラス全員が持っている物ですか？』と質問していく。
・代表が迷ったら，「イエス」「ノー」で答えられない質問には，「答えられません」と言ってよいことを告げる。
・勝った場合は，「ヤッター！」とガッツポーズをする。負けた場合は，「悔し～！」と泣く真似をする。雰囲気を盛りあげるためである。
・『これは「隠し言葉当てゲーム」です。積極的に質問しようとする態度を身につけること。1ゲームで1人3回は質問することを目標にがんばりましょう』と言う。

活動（37分）

班対抗のトーナメント戦でこのゲームをします。ルールは次のとおりです。
①出題チームは，教室にある物を1つ見えないように書く。
②質問チームは，順番に「イエス」「ノー」で答えられる質問をする。
③出題チームは，質問に対して全員で答える。
④質問チームは，答えがわかったら「それは○○ですか？」とズバリ聞く。
⑤2分以内に当たれば，質問チームの勝ち。当たらなければ，出題チームの勝ち。
⑥出題チームと質問チームがの役割を交換して，①～⑤を繰り返す。

・クラスを6つの班に分ける（時間が許せば，もっと多くの班に分けるとよい）。
・6班分のトーナメント表（シードあり）を黒板に書く。クジで対戦を決める。
・対戦する2チームを前に出させる。
・ジャンケンで先攻（質問チーム），後攻（出題チーム）を決めさせる。
・出題チームは，質問チーム以外のみんなに答えを見せる。
・質問チームは，記録者を1人選ぶ。記録者は，ワークシートに記録をとる。「動く物ですか？」は「動く？」，「教室に1つだけある物ですか？」は「1つだけ？」と省略して書かせる。
・質問チームは，全員必ず1回は質問をする。そのあとは誰が質問してもよい。
・対戦チーム以外は，いい質問に拍手，おかしな答えに「え～！」と言って協力する。
・十分な質問が出ないうちに，「それはチョークですか？」「それはランドセルですか？」と「ズバリ質問」が連発するようになったら，『エスパーゲームじゃないんだから。質問でしっかり答えを絞ってね』とツッコみ，助言する。

ふり返り（3分）

今日のゲームをふり返って，授業感想文を書きましょう。時間は3分です。

・「面白かったか？」を5段階評価させ，その理由を書かせる。

隠し言葉当てゲーム

（　　）班　班のメンバー（　　　　　　　　　　　　　　　）

■ 出題チーム

教室にある物を1つB4の紙に書きます。
先生の合図で質問チームに見えないように，クラスみんなに見せましょう。

■ 質問チーム

最初は1人が1回ずつ質問します。順番を決めましょう。記録用紙の（　　）の中に質問する人の名前を書きます。そのあとは，誰が質問してもいいです。
質問とその答えを記録していきます。記録をもとに隠し言葉を予想していきましょう。「動く物ですか？」は「動く？」のように，できるだけ省略して書きます。「イエス」「ノー」も省略して，「○」「×」で書きましょう。

	質問	答え		質問	答え
例	動く？	×	⑫		
① （　　）			⑬		
② （　　）			⑭		
③ （　　）			⑮		
④ （　　）			⑯		
⑤ （　　）			⑰		
⑥ （　　）			⑱		
⑦			⑲		
⑧			⑳		
⑨					
⑩					
⑪					

隠し言葉

正解時間　　　　　分　　　　　秒

● 活動の様子と子どものふり返り ●

活動の様子──どの子も質問をする

　　２分間に20弱の質問が出された。つまり，６秒に１回質問が出されたということである。しかも，日頃，手を挙げて発言できない子が質問するのがいい。２分間という時間制限が効いている。どの子もがんばって，次々と質問する。
　　いちばん早く勝負がついたのは18秒。次のようなやりとりであった。
　　「電気を使う物ですか？」「ノー」「先生が使う物ですか？」「イエス」「先生の机の上にありますか？」「イエス」（拍手）「窓側ですか？」「イエス」（え～！）「真ん中ですか？」「イエス」（拍手）「穴開けパンチですか？」「イエス」
　　「先生だけが持っている物ですか？」「電気で動く物ですか？」「文房具ですか？」などの質問が有効だった。クラスの実情によって違いはあるだろう。しかし，ゲームの中でどの質問が有効か子どもたちが学んでいく。

子どものふり返り

●２分間という短い時間なので，できるだけ早く，多く質問しなければいけないので，すごく質問する力がついたと思います。
　　「短い時間」というこのゲームのヒットポイントを見抜いてくれている意見である。「力がついた」と感じてくれているのがうれしい。

●難しかったけど，質問を考えるのとかが結構おもしろかったです。
　　「難し」いと困難を感じながらも「おもしろ」さを感じてくれているのがいい。大変だけどがんばって質問する！　という姿勢を育ててくれるゲームである。

●質問することができるようになった，学級会にもいかしたい。
　　「いかしたい」と，学んだ力をほかの場面で活かそうとしているのがわかる。

●しぼって，相手の答えを当てるのは楽しいです。
　　「しぼって」から，分類しながら推論しているのがわかる。質問する力はもちろん，論理的な思考力を育てるゲームとしても有効である。

●男女関係なく協力できたのは，よかったと思います。
　　「男女関係なく」から，班での協力がよかったことがわかる。個人戦もやったが，団体戦が圧倒的に人気があった。班の協力を促すゲームとしても使える。

●拍手してくれたのが，うれしかった。人がやっている時も質問が楽しかった。
　　「拍手」は対戦チームへの協力であると同時に，ゲームに参加していない子への配慮である。負けたチームの子も「人がやっている時も」楽しんでくれていた。

●最初の試合で負けたからです。（唯一「３：普通」の評価をした子）
　　たしかに，いちばん楽しいのは，対戦している両チームであろう。トーナメント戦は負けたら終わりなので，リーグ戦の方がよかったかもしれない。

具体的な鋭い質問をするスキルを身につける

嫌いな食べ物当てクイズ

中村　健一
（なかむらけんいち）

●このゲームのよさ　出題者がスピーチする好きな食べ物3つの中には、嫌いなものが1つ隠されている。それを当てるゲームである。出題者のスピーチのあと、2分間の質問タイムがある。ここで、どれだけ鋭い質問で相手のウソを見抜けるかが勝負である。そのため、子どもたちは、具体的な質問をして、何とか相手のウソを見抜こうとする。ほかの授業でも、質問する場面で、この力が役に立つ。

（吹き出し）3つ目は和菓子です。なぜ好きかというと見た目もきれいだからです。自分で作るのも好きです

（吹き出し）どんな和菓子を作ったことがありますか？

●準備
・ストップウォッチ
・ワークシート

●バリエーション

【社会】歴史学習。歴史上の人物のエピソードを調べる。そして、このゲームと同じかたちでスピーチさせる。つまり、3つのエピソードのうち1つはウソである。それを当てるゲームをする。
【特活】学活の時間。「本物は誰だ？」というゲームをする。班5人を前に出す。「実は私〇〇なんです」(例. 私、パチンコをしたことがあるんです)というお題を発表し、それが誰なのか当てるクイズをする。これも質問でウソを見抜くかたちにする。友達を知るのに役立つ。

●ゲームの由来と参考文献

田村一秋氏の「食わず嫌い王スピーチ」（『授業づくりネットワーク』No.173, 学事出版）が原実践である。鈴木啓司氏や佐内信之氏など追試実践も多い。質問を考える時間をとったことが最大の修正点。どの子にも質問をさせたいと考えたからである。

| 国語 | 社会 | 算数 | 理科 | 総合 | 特活 |

●展開例 [45分]●

説明（7分）

いまから先生の好きな食べ物を3つ紹介します。でも，1つだけ本当は嫌いな食べ物が入っています。どれが先生の嫌いな食べ物なのか当ててください。

- 教師はワークシートの形式に従って，問題を作っておく。それを読み上げる。
- 『先生のウソを見破るような質問を考えましょう』と言って，1分間で考えさせる。
- 2分間，質問を受け付ける。
- 嫌いな食べ物に対する質問に限って，ウソの答えをしてもよいことを説明する。
- 「ズバリ，嫌いなのはどれですか？」などの質問には「答えられません」と答えてよいことを説明する。
- 『せーの，ドン』で，ウソだと思う食べ物の番号を指で示させる。
- 『正解は，……○番です』と，ちょっともったいぶって発表する。
- 『今日は「嫌いな食べ物当てクイズ」をします。ウソを見抜くような鋭い質問をする力をつけるためのゲームです』と目的を説明し，板書する。
- ワークシートを配る。

活動（35分）

スピーチ原稿作り〈10分〉

ワークシートの形式に従って，スピーチ原稿を書きます。好きな食べ物の中に，嫌いな食べ物1つを混ぜてください。時間は10分です。

- 嫌いな食べ物を何番にするか考えさせる。
- できた子から持って来させ，嫌いな食べ物が入っているか，簡単にチェックする。
- 10分以内にできた子は微音読させて，推敲をさせる。加えたり削ったりさせて，もっともらしい文章をつくらせる。

嫌いな食べ物当てクイズ〈25分〉

班に分かれて，「嫌いな食べ物当てクイズ」をします。ルールは次のとおりです。
①出題者が立ち，スピーチをする。終わったら，座る。
②解答者は，質問を考えて，ワークシートに書く（スピーチの時間と合わせて2分）。
③出題者が立ち，解答者は質問をする（2分）。ワークシートに書いてない質問をしてもよい。
④先生の『せーの，ドン』の合図で，解答者は正解だと思う番号を指で示す。
⑤出題者は，正解を発表する。
⑥出題者を変え，①〜⑤を繰り返す。多くの人をだませた人が優勝。

- 5人班を作って，机を合わせ，ジャンケンでスピーチする順番を決めさせる。
- 教師の司会で行う（スピーチを始めるとき，質問を始めるとき，正解を発表するときなど）。
- 解答者は，手を挙げて質問をする。出題者が指名する。
- 『1人最低1回は質問するようにがんばりましょう！』と言う。
- ワイワイガヤガヤ楽しい雰囲気で行う。
- 次の時間に，班代表による決勝戦を行うと盛り上がる。

ふり返り（3分）

今日のゲームをふり返って，授業感想文を書きましょう。時間は3分です。

- 「面白かったか？」を5段階評価させ，その理由を書かせる。
- 感想文の中に，よかったと思う質問を書かせる。

嫌いな食べ物当てクイズ

年　　組　名前（　　　　　　　　）

■ 次の形式に従って，スピーチ原稿を書きましょう。

だました人数　　　　人

私の好きな食べ物を3つ紹介します。

1つ目は，[　　　　　　　　]です。

なぜ好きかというと，_____からです。

_____

_____

2つ目は，[　　　　　　　　]です。

なぜ好きかというと，_____からです。

_____

_____

3つ目は，[　　　　　　　　]です。

なぜ好きかというと，_____からです。

_____

_____

実は，この中に1つだけウソがあります。さて，私が嫌いな食べ物は何番でしょう？

■ この紙の裏にメモをしながら聞きます。
　ウソを見抜くような鋭い質問を考えましょう。

① _____

② _____

③ _____

④ _____

● 活動の様子と子どものふり返り ●

活動の様子──子どもたちはたくさんの具体的な質問をする

　このゲームを行って驚かされるのが，質問の数である。2分間の質問時間，途切れることなく質問が繰り返される。日頃，手を挙げないような子もたくさん質問できるのがいい。

　また，具体的な質問がされるのがいい。例えば，「和菓子は食べるのも作るのも好きだ」とスピーチした子に「どんな和菓子を作ったことがありますか？」と質問する。珍しい食べ物には，「どこで食べたんですか？」と質問する。

　子どものスピーチ例は，次のとおり（正解は「カスタードクリーム」）。

> 　私の好きな食べ物を3つ紹介します。
> 　1つ目は，「砂糖菓子」です。なぜ好きかというと，とても甘くておいしいからです。砂糖菓子というのは，ケーキの上にのっているやつです。私は甘党なので，だ〜い好きです。
> 　2つ目は，「ピーマン」です。なぜ好きかというと，焼いて柔らかくなったのが好きだからです。ピーマンは，焼いて味付けをしてあるのが，おいしくて，おいしくてたまりません。
> 　3つ目は，「カスタードクリーム」です。なぜ好きかというと，甘くてとろりとした感じが好きだからです。特にたい焼きの中にカスタードクリームが入っているのが好きです。私はたこ焼きが嫌いなので，たこ焼き屋に入った時は，いつもそれを買っています。
> 　実は，この中に1つだけウソがあります。さて，私が嫌いな食べ物は何番でしょう？

子どものふり返り

●いつもは手を挙げないけど，なぜかよく発言とかできた。

　「発言」とは，質問のこと。「なぜか」から，子どもを質問に導くたくさんの仕掛けが成功しているのがわかる。こういう子が質問できるのがうれしい。

●「ハンバーグには何をかけて食べますか？」と言われたとき，あわてた。

　「あわてた」から，この具体的な質問を鋭いと感じているのがわかる。身をもって体験することで，鋭い質問とはどんな質問なのか実感することができる。

●だましたり，だまされたりして，笑いながらゲームに取り組めたから空気的にもすごく楽しめた。

　ウソをつくのは悪いことである。罪悪感を感じさせないように，ワイワイガヤガヤの楽しい雰囲気で行った。「笑いながら」から，罪悪感を感じず，「だましたり，だまされたり」を楽しんでくれているのがよくわかる。

大切なことを聞き分けてメモをとるスキルを身につける
リピートスピーチゲーム

池内　清
（いけうちきよし）

●このゲームのよさ　メモのとり方は，説明は簡単だが，いざ実行してもそのメモが実際効果的にとれているかどうかは，なかなか自分自身で確認することができない。このゲームでは教師の簡単なスピーチのメモをとり，そのメモを使って教師のスピーチを繰り返す。子どもたちどうしでリピートスピーチを行うことにより，自分のメモに何が足りないかを確認したり補ったりすることができる。

> 1つ目は，一緒に走れるからです。………いい運動になります

> フンフン　だいたい合ってる

> メモって便利だなぁ

●準備
・ワークシート

●バリエーション

　リピートスピーチを繰り返し行うことで，メモのとり方のスキルを身につけることができる。ひとたびメモのとり方のスキルを身につけると，応用範囲は無限と言っていい。授業のノートでのメモ，総合的学習での体験学習でのメモと，活用していくうちにメモのとり方のスキルも習熟することができる。

　また，音声言語のみならず，社会科教科書のまとめや，広く一般的な読書にも活用できる。

●ゲームの由来と参考文献

　教室ディベートでは，フローシートという議論のメモを書くスキルが必要である。このフローシートの書き方は拙著『小学校　はじめてのディベート授業』（学事出版）で紹介している。今回は，このスキルを利用する。また，そのメモを使い，相手の言ったことを繰り返してスピーチすることで，メモが効果的にとれているかを確認することができる。

| 国語 | 社会 | 算数 | 理科 | 総合 | 特活 |

●展開例［45分］●

説明（5分）

先生が簡単なスピーチを行います。みなさんは聞いていてください。

【スピーチ例】『これから，先生が犬と猫とどちらが好きかのスピーチを行います。先生は犬が好きです。どうしてかというと，理由は3つあります。1つ目は，一緒に走れるからです。犬は足が速いので走るといい運動になります。1人で走るより楽しいです。2つ目は，吠え方が好きです。猫は「にゃ～にゃ～」となき，かわいいです。でも，犬の吠え方は「わんわん」で，何だかその声を聞くと元気が出てきます。3つ目は，人になついてくれるからです。名前を呼んだだけですぐにそばに来てくれるし，家に帰ってくると，ドアを開けただけですぐに近寄ってきてくれます。だから，先生は犬が好きです』

- はじめに一度スピーチを聞かせる。
- 何を言ったかを確認させる。
- メモの大切さを教える。
    ①ナンバリングを使う。1つ目→・　2つ目→・
    ②文ではなく，単語を書き取る。
    ③言葉の関係を矢印（→）でつなげる。

活動（35分）

これから，ワークシートを使ってスピーチのメモをとります。
先生が1度だけゆっくり話しますので，メモをとってください。

- 「1つ目は……」「2つ目は……」「3つ目は……」の文は繰り返し読む。
- 一度読み終えたら，普通の速さでもう1回読む。このとき，自分たちのメモを確認させる。言葉が足りないときには書き足してもいいことにする。

スピーチメモを見ながら，リピートスピーチをします。リピートスピーチとは，先生のスピーチを繰り返し，自分でスピーチすることです。

- リピートスピーチの練習をする。『1分間でいまのメモを読み返します。メモの言葉をつなげてスピーチができるか練習をします。もし，途中で止まってしまったらメモの言葉で足りない所があるはずです。その言葉をメモに書き足します』と言う。
- 4人一組のグループになる。
- グループでそれぞれスピーチを行い，情報が抜けていないかどうかを観点に代表者を選ぶ。
- 全員のスピーチが終わったら，「せーの，ドン」で代表者を決める。
- 代表者に挙手してもらい，全員で拍手をする。
- 時間に余裕があれば，2，3人の子どもに発表させる。

ふり返り（5分）

リピートスピーチゲームを行ってみての授業感想文を書きましょう。

- 「面白かったか？」を5段階評価させ，その理由を書かせる。
- 書き終えた人から教師が読み上げ，ふり返りを共有する。

リピートスピーチ

年　　組　名前（　　　　　　　）

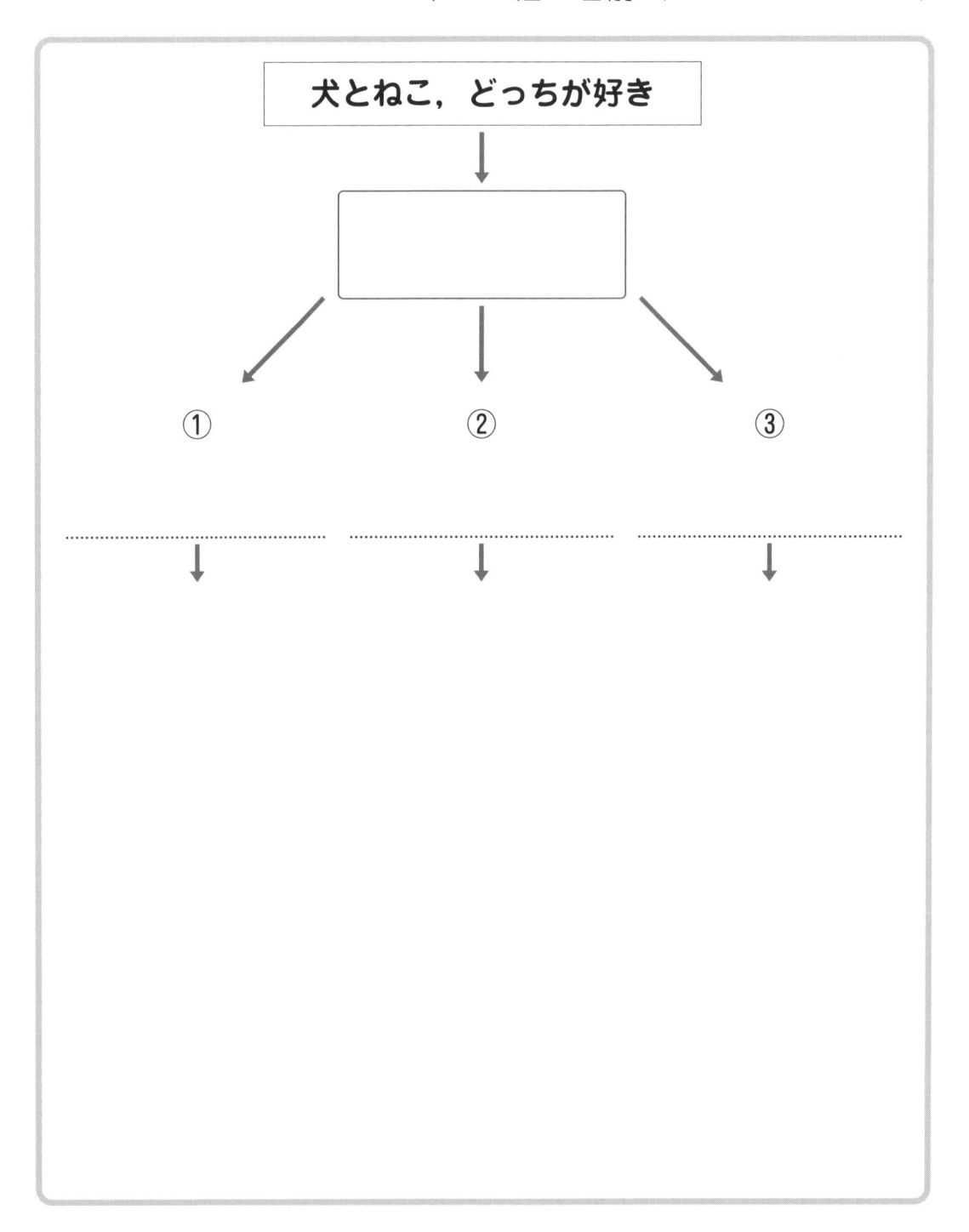

犬とねこ，どっちが好き

① ② ③

● 活動の様子と子どものふり返り ●

活動の様子──メモをすることで容易にスピーチを再現できる体験をする

　子どもはリピートスピーチと聞くと難しそうに感じる。しかし，メモをもとに行うと意外と簡単にリピートスピーチができる。子どもたちは，はじめリピートスピーチにとまどいを見せていたが，練習・グループ発表を行うことで，その容易さに驚いていた。メモの大切さ・メモの取り方のコツを体験したと言っていい。

　メモは単に言葉を書き取ればいいというものではない。今回は，メモに矢印を書き加えることにより，スピーチを図式化した。こうすることによるメリットは3つある。

　【図式化する3つのメリット】
　　①スピーチの全体構成がわかる。
　　②図式化することにより，頭の中でメモの形を思い浮かべることができ，スピーチが容易になる。
　　③矢印を使うことでメモをする言葉の量が減り，メモの負担が減る。

子どものふり返り

●メモを見るだけでこんなに楽にスピーチができるなんて思わなかった。

　メモの大切さを感じた感想である。メモがあるからある程度まとまったスピーチも再現できたのである。このような感想が多くの子どもたちからあがった。

●いままでぼくは，ただ聞こえてきた言葉を書き取っていたけれど，矢印で言葉をつないでいくとわかりやすくなることがわかった。

　いままでは，単に箇条書きをするメモや，ただ気になった言葉を書き取る程度のメモだった。しかし，今回は矢印を使うことで言葉と言葉のつながりを図式化できるようになった。そこに面白さを感じている。

●どの言葉をメモすればいいかをちょっと考えてしまったけれど，考えているとどんどん話が進んでしまう。あまり考えずにとにかく単語を書き取っていった。矢印でつないでみると意外と話が通じておもしろかった。

　この感想も矢印を使ったメモに興味をもち始めているものである。スピーチを全部書き取らないとだめだという完璧主義から離れ，聞こえてきた単語を書き取り，それを矢印を使ってつなげていけばいいことに，この授業で気づくことができている。

●リピートスピーチをしているときに，メモをあまり見なくても，スピーチができました。ちょっと不思議な感じがしました。

　先に書いたメリットの2つ目にあたる感想である。図式化したメモを書くことで，その図式が頭の中に残り，それをもとにスピーチができたのである。

短時間でスラスラ声に出して読むスキルを身につける
3分間音読コンクール

佐内　信之
（さないのぶゆき）

●このゲームのよさ　音読は繰り返し取り組む必要がある。教材文をスラスラ読むスキルは，学習を進めていくうえで欠かせない。しかし，子どもたちに何度も読ませると飽きてくる。何となくダラダラ読ませても効果は薄い。そこで「3分間」と時間限定する。短時間なので，どの子も集中して読める。時間内でどこまで読めるか，自分の目標に向かって取り組むうちに，音読のスキルが身につく。

●準備

・ストップウォッチ
・教科書（副読本・教材文）
・ワークシート

●バリエーション

【算数】例えば，2年生の「かけ算九九」である。すべての九九を3分間でどこまで言えるかに挑戦する。速く言えるようになったら，時間を短くする・暗唱するなど，条件を厳しくしてもよい。

【社会】3・4年「わたしたちの○○」という地域学習がある。市区町村や都道府県の副読本を使う場合が多い。時間をかけずに繰り返し読ませたいときに有効な方法である。

●ゲームの由来と参考文献

上條晴夫ほか編著『子どもの意欲を育てるワークショップ型授業50＋26 小学5・6年』（教育同人社）に「3分間音読」が紹介されている。「コンクール」形式とするために，「ストップ読み」（上條晴夫著『授業でつかえる文学あそびベスト50』民衆社）を組み合わせて実践したのが工夫点である。

●展開例 [25分] ●

説明（5分）

今日は「ストップ読み」で国語の教科書「新しい友達」（光村図書5上）を読んでみます。教科書を正しく読むための練習方法です。挑戦してみたい人はいますか？

・挙手した子を指名して音読させる。「お父さんの仕事の都合でロンドンへ行っていたまりちゃんが帰ってきた。……」
・読み間違えたら、教師が『ストップ！』と声をかける。
・どこが違っていたかをほかの子たちに問う。「教科書はロンドン『に』なのに、ロンドン『へ』と読んでいました」
・教師はストップ読みの目的を次のように説明する。『いまのように読み間違えたら交替です。どこまで読めるかを競争しながら、正しく読む練習をします』

活動（15分）
ストップ読み〈10分〉

これから全員でストップ読みをします。ルールは次のとおりです。
　①1人ずつ起立して教科書の文章を音読する。
　②読み間違えたら座席順で次の人に交替する。
　③次の人は間違えた文の最初から読み続ける。
　④全員が1回ずつ読んだら終わりにする。

・前の人が読んでいる間に次の人を立たせておいて、すぐ読み続けられるようにする。
・読み間違えたかどうかの判定は、教師が力強く『ストップ！』と宣言する。
・クラス全員で作品を読み切る目標を意識させると、子どもたちの意欲づけになる。

3分間音読コンクール〈5分〉

もっとストップ読みがスラスラできるようになるために、次は「3分間音読コンクール」をやります。ルールは次のとおりです。
　①先生の「よーい、スタート！」の合図で、全員が一斉に音読を始める。
　②やや小さめの声で、なるべく速く音読する。
　③先生がストップウォッチで時間を計り、3分後に「ストップ！」の合図をする。
　④どこまで音読できたかを各自ワークシートに記録する。
　⑤いちばんたくさん読めた人がチャンピオンとなる。

・音読はクラス全員で合わせる必要はない。自分のペースでさせる。
・速く読むために音読が雑にならないよう、ストップ読みを意識させる。
・3分間で音読できた分量を記録して、次回の目標にさせる。同じ箇所の音読を継続すると、少しずつ読む分量が増えていくので、自分自身の向上が実感できる。

ふり返り（5分）

音読して気づいたことをワークシートに書きましょう。

・読めなかった漢字、間違えやすい言葉などをメモさせて、次回に気をつけさせる。
・大切な気づきは教師がクラスに紹介して、全員の読みに生かす。

3分間音読コンクール

年　　組　名前（　　　　　　　　　）

ルール
①先生の「よーい，スタート！」の合図で，全員が一斉に音読を始める。
②やや小さめの声で，なるべく速く音読する。
③先生がストップウォッチで時間を計り，3分後に「ストップ！」の合図をする。
④どこまで音読できたかを各自ワークシートに記録する。
⑤いちばんたくさん読めた人がチャンピオンとなる。

今回読むのは「　　　　　　　　　」だよ。
最高記録めざして，がんばろう！

音読カード

回	月／日（曜）	記録	ふり返り
1	／（　）	ページ　　行	
2	／（　）	ページ　　行	
3	／（　）	ページ　　行	
4	／（　）	ページ　　行	
5	／（　）	ページ　　行	
6	／（　）	ページ　　行	
7	／（　）	ページ　　行	
8	／（　）	ページ　　行	
9	／（　）	ページ　　行	
10	／（　）	ページ　　行	

● 活動の様子と子どものふり返り ●

活動の様子──スラスラ読む

　「3分間音読コンクール」のように速く読む競争をすると，子どもたちは集中して取り組む。教師の合図とともに3分間，子どもたちが一斉に音読する。普段はボンヤリしている場面が多い子も，みんなから遅れないように読んでいる姿が見られた。周りの雰囲気に影響され，自然に活動への取り組みを促すのだろう。さらに，音読を繰り返すうちに，自分自身の記録への挑戦が始まる。3分間でどこまで読めるか，目的意識をもっているので飽きがこない。このような活動の積み重ねにより「スラスラ」読めるようになるのである。

──正しく読む

　ただし，速さばかり強調すると，いい加減な読み方になりがちである。そこで「ストップ読み」を取り入れた。「間違えたら終わり」という緊張感が，子どもたちに「正しく」読もうとする姿勢を促す。2つの活動の組み合わせにより「スラスラかつ正しく読む」スキルを育てるのである。

子どものふり返り

●先生が「ストップ読み」と黒板に書いたとき，先生が「ストップ」と言うまで読むのかと思った。でも，意味がわかったとき「アッ」と思った。ひっかかるまで読むとなるとおもしろかった。

　指名音読の場合，あらかじめ1人が読む分量は1文（1段落）と決められていたり，教師の指示で交替したりするのが一般的である。ストップ読みでは間違えなければ，どこまででも読める。このルールが子どもの挑戦意欲を刺激したのである。

●ストップ読みは，まちがえたらおわりというやり方だから，なんとなくプレッシャーがかかる。きんちょうすると，つっかえやすくなった。

　ストップ読みは緊張する，すぐ間違えた，あまり読めずに残念など，その難しさに触れた感想が多かった（27人のうち19人）。子どもによっては抵抗感が強いかもしれない。クラスの実態に応じて，3分間音読で練習してからストップ読みにチャレンジさせた方がよいかもしれない。

●3分間音読コンクールは9回つまった。「けど」と「けれど」が読みにくかった。もっと，つまらないようにしたい。

　ただ音読しているだけでなく，なるべく間違えないように意識している様子がうかがえる。ストップ読みと組み合わせた効果が現れている。ほかにも「次の行をよく見ないとスラスラ読めない」など，自分なりに読むコツを考えながら活動に取り組む子もいた。

第3章のガイド

進藤聡彦

　辞典，図鑑，事典は学習を進める上での有効な資源となる。だからこれらを適切に使えれば，自発的学習にも役立つ。しかし，一般に辞書引きは子どもにとって面倒な作業の1つである。その面倒な辞書引きにゲームを導入すれば，楽しみながら辞書引きのスキルに習熟できる。最初の「**グループ対抗辞書速引き競争**」は指定された言葉を国語辞典で引き，グループ全員の引き終える速さを競うゲームである。この過程で辞書の構成を考慮した速引きのコツがスキルとして身につくだろう。少し慣れてきたら，「パイナップル」と「パーティ」では辞書にどちらが先に載っているかなど，辞書の構成に触れた問題の解答を予想させて，辞書で確かめさせてみるといった学習に発展させることもできる。

　2番目の「**図鑑生き物さがしゲーム**」は，指定の生物を図鑑で探し出す速さを競う。このゲームは，「目次」や「索引」の機能を知らせることをねらっている。子どもが図鑑に慣れ親しむことも期待できる。「目次」の有効性を知らせるために名前のわからない植物や昆虫をもってこさせ，図鑑で調べさせても面白い。

　3番目の「**漢字変換ゲーム**」は制限時間内に平仮名だけの文章をできるだけ漢字に直していく。ゲームにすることにより，辞書で漢字を引く必然性が出てくるから，楽しみながら漢字の習得や辞書の使い方に習熟できる点がよいと思う。

　国語辞典と漢和辞典を比較すると，漢和辞典を使う機会は少ない。4番目の「**漢字リレーゲーム**」は国語辞典と漢和辞典を使いながら，「木偏の漢字」「10画の漢字」「サンと音読みする漢字」などを指定の数だけ探し出す速さを競う。2種の辞典を使い分けなければならないので，両者の違いを知ることができる。

　5番目の「**辞書ゲーム**」は，意味不明の（カタカナ，平仮名の）言葉を辞書で探し出し，その意味を偽の意味と混ぜた選択肢の中から解答者に当てさせるゲームである。このゲームで子どもたちは，当てられないような言葉を探そうとするから，国語辞典を丁寧に調べようとする。この過程で辞典に慣れるし，辞書にどのような情報が載っているのかについても知ることができる。ただし，取り上げる言葉について「友達は知らないけれど，知っていたら使えそうな言葉」という制限を設けると，語彙の学習上でも意味のあるゲームになる。また，平仮名の問題では正解の意味を示してから，その漢字を推測させても面白いかもしれない。

第3章
調べる・整理するスキル

グループ対抗辞書速引き競争——58
図鑑生き物さがしゲーム——62
漢字変換ゲーム——66
漢字リレーゲーム——70
辞書ゲーム——74

辞書を速く引くスキルを身につける

グループ対抗辞書速引き競争

池内　清
（いけうちきよし）

●このゲームのよさ　出題された単語をできるだけ速く調べるゲームである。本来，辞書引きは個人の活動である。しかし，この実践ではグループ対抗で行うことにより，ゲームに勝つために子どもたちがお互いに教え合いをしながら辞書の速引きに慣れていくことができる。このスキルが身につくことで，自然に辞書を使って言葉を調べるようになり，そのあとの学習に結びつく。

●準備

・子どもの人数分の同じ国語辞典
・ワークシート

●バリエーション

　国語辞典の使い方は，調べものをするときの基本中の基本技術である。辞書を使うのが苦手な子は，引き方がわからない，わかっていてもなかなか速く引くことができない子である。そこで，この国語辞典速引き競争を行うことによって，速く辞書を引く技術を身につけるコツを習得する。

　国語辞典が使えるようになると，百科事典をはじめとする社会科事典，理科事典など様々な学習事典を使うことができる。また，資料集などの索引を使うこともできる。

●ゲームの由来と参考文献

　上條晴夫氏創案のオリジナルゲームをそのまま追試した。初出は『授業づくりネットワーク』No. 23（学事出版），上條晴夫著『「勉強嫌い」をなくす学習ゲーム入門』（学事出版）でも紹介されているゲームである。

| 国語 | 社会 | 算数 | 理科 | 総合 | 特活 |

●展開例 [45分] ●

説明（5分）

先生が，これからある言葉を言います。みんなは国語辞典でその言葉を調べます。引けたら右手の人差し指でその言葉を指して席を立ちます。

- 4人グループで机を田の字型にする。
- 調べる言葉は「海」「山」「空」と3問を出題する。
- 『このように国語辞典は言葉が50音順にならんでいます』と確認をする。

活動（35分）

グループ対抗で辞書速引き競争をします。ルールは次のとおりです。
①先生の言った言葉を国語辞典で調べる。
②見つけたら右手の人差し指でその言葉を指して席を立つ。
③グループ全員が見つけたら，リーダーの指示で全員着席する。
④早く座れたグループの勝ち。
⑤1回戦は全部で5問。総合得点がいちばん高いグループが優勝。

- 教師の出題でゲームを進める。
- 1回戦の問題は「あし」「いし」「うし」「かし」「すし」の5問で行う。
- 国語辞典は机の上に置き，教師が出題すると同時に，手にとって調べる。
- 早く見つけた人は，黙って待っている。同じグループの人に教えてはいけない。
- 制限時間は決めていないが，1問あたり1分程度で行うことができる。
- 早く座れたグループ順に順位を決める。
  1位…5点，2位…4点，3位…3点，4位…2点，5位以降…1点
- 教師は1問終えるごとにグループの順位を決め，黒板に星取り表を書く。
- 2問目の「いし」を終えて，作戦会議を行う。

作戦会議を行います。グループの中で辞書の引き方を教え合いましょう。時間は3分です。

- 教え合いのポイントは2つある。
  ①国語辞典の項目は50音順に並んでいる。
  ②項目を探すには，「順序よく」見ていく。
- 作戦会議後に残りの「うし」「かし」「すし」を出題する。
- 作戦会議後に早くなったグループをほめる。
- 以降，時間が許すかぎり，2回戦，3回戦を行う。適宜，作戦会議をもつようにする。
- 出題のポイントは2音目を合わせることである（例.「あし」「いし」「うし」「かし」「すし」）。こうすることにより，2音目も50音順に並んでいることが意識できる。また，「うめ」「あめ」「まめ」「こめ」のように隠しテーマ風の出題にすると，子どもたちはテーマの言葉を予想し始め，ゲームにのってくる。

ふり返り（5分）

グループ対抗辞書速引き競争を行ってみての授業感想文を書きましょう。

- 「面白かったか？」を5段階評価させ，その理由を書かせる。
- 書き終えた人から教師が読み上げ，ふり返りを共有する。

グループたいこう「じしょはやびききょうそう」

年　　組　名前（　　　　　　　　　）

ルール　グループ対抗で辞書速引き競争をします。
①先生の言った言葉を国語じてんでしらべます。
②見つけたら右手の人さし指でその言葉を指してせきを立ちます。
③グループ全員が見つけたら，リーダーのしじでぜんいんちゃくせきします。
④早くすわれたグループの勝ちです。
⑤1回せんは全部で5問行います。そうごう得点がいちばん高いグループがゆうしょうです。

じゅぎょう感想文を書こう

　　　5…とてもおもしろかった　　　4…おもしろかった　　　3…ふつう
　　　2…ちょっとつまらなかった　　1…つまらなかった

（5～1までの数字を入れて，「じしょはやびききょうそう」のじゅぎょうかんそう文を書きましょう）

「じしょはやびききょうそう」のじゅぎょうは（　　）です。

どうしてかというと，

● 活動の様子と子どものふり返り ●

活動の様子——グループでの教え合いが始まる

　　　　　　　ゲーム途中に作戦タイムをとることにより，辞書を引くのが遅い子どもに速い子が教える光景がどこのグループにも自然に見られた。グループ全員で協力してゲームに勝つことになるので，これは必然的に行われる。教え方を観察していると以下の手順で教えていた。

　　①50音順に並んでいることを教え，「あかさたなはまやらわ」の順番を確認する。
　　②はじめに問題を聞いたら，国語辞典のツメの文字「あかさたなはまやらわ」
　　　を見て，それから調べる言葉がどの50音の段にあるかを判断させる。
　　③グループで問題を出し合う。

子どものふり返り

●国語辞典を引くのが速くなった。

　この感想が出るのは予想していたが，子ども自身が「速くなった」と自覚しているのがいい。このような自覚から，今後，学習の武器としてためらうことなく国語辞典を使うことができるようになるのである。

●はじめは，みんなの足を引っ張っていたけれど，作戦タイムに○さんに教えてもらってから，なんだかコツがわかったような気がした。

　はじめのうちはなかなかうまくいかない。もどかしさを感じていたが，友達に教えてもらうことによって，自信をつけてきた過程が読みとれる。教師が教え込むよりも，ゲームを体験しながら学習を進めることで，子どもたちどうしの学び合いが起きている。

●何だか意味が関係している言葉がならんでいた。次の言葉を予想するのがおもしろかった。

　言葉を選ぶときに，テーマを意識して意図的に出題した。こうすることにより，子どもたちが次の言葉をある程度予想しながら次の出題を待っていた。当たるときもあるが，外れるときもある。こうした仕掛けが，子どもたちが意欲的にゲームを楽しむことの一助になっている。

●「こめ」の説明がおもしろかった。ぼくなんか「米はご飯だ」ぐらいしか考えていなかった。

　はじめから速く辞書を引けていた子の感想である。言葉の定義まで意識が回っている。国語辞典への興味関心が芽生えている。

●今度，お家の人とやってみたい。

　辞書引きに自信をつけたのか，意欲を感じさせる感想である。また，授業後の休み時間に子どもたちが集まって問題を出しながら遊んでいる様子が観察できた。

目次や索引から検索するスキルを身につける

図鑑生き物さがしゲーム

平嶋　大
（ひらじまだい）

●このゲームのよさ　ある生き物（植物を含む）を，図鑑を使ってすばやく検索する班対抗のゲームである。問題にする生き物は，班ごとに相談をして図鑑の中から探す。できるだけ難しい問題を作ろうと，図鑑の細かい部分にも目がいくことになる。すばやく検索するためには，「目次」や「索引」の使い分けがポイントとなる。ゲームを繰り返すことで，図鑑で調べものをするスキルが身につく。

（吹き出し）ミモオラペルタ？　目次，目次　どっち？　索引をみたほうが早いよ！

●準備
・ワークシート（班の数分）
・図鑑（動物・鳥・魚・昆虫・植物・恐竜。本実践では，小学館の図鑑NEOシリーズを使用）

●バリエーション
【生活】低学年，「いきものさがし」。捕まえた虫を調べる場面でゲームを行う。生き物の形から仲間分けをし，「目次」を使って検索するスキルを身につけさせることができる。
【社会】6年，「歴史新聞づくり」。歴史新聞を作るときに，資料集の検索をするゲームを行う。調べたいテーマを決め，そのテーマを「目次」や「索引」を使って検索させる。テーマによって，「目次」と「索引」を使い分けると便利であることに気づかせることができる。

●ゲームの由来と参考文献
上條晴夫著『「勉強嫌い」をなくす学習ゲーム入門』（学事出版）にある「班対抗辞書速引き競争」をもとに組み立てた。辞書ではなく，図鑑の検索をするゲームとして修正をした。

● 展開例 ［25分］ ●

説明 (5分)

「図鑑生き物さがしゲーム」をします。図鑑の中からすばやく情報を探し出す力をつけるためのゲームです。

・図鑑 6 冊（動物・昆虫・鳥・魚・植物・恐竜）を用意しておく。
・クラスを 6 つの班に分け，班に 1 枚ずつワークシートを配る。

ルールの説明をします。班で協力して，ある生き物を図鑑の中からすばやく探し出します。
　①班ごとに，6 冊の中から図鑑を 1 冊ずつ選ぶ。
　②班で相談をして，図鑑の中から 1 つの生き物を選び，その名前をワークシートに書く。
　③図鑑とワークシートをセットにして，ほかの班と交換する。
　④「よーい，ドン！」の合図で，問題の生き物を図鑑の中からすばやく探す。
　⑤見つけた人は，その生き物を指さし，班全員で立ち上がる。

・いちばん早く立ち上がった班が 1 位。以下，2 位，3 位，4 位……となる。
・全部で 3 問行う。

活動 (15分)

班で相談をして，図鑑の中から生き物を 1 つだけ選んでください。
時間は 2 分です。よーい，はじめ。

〈5分×3〉
・班ごとに，図鑑を 1 冊ずつ選ばせておく。
・問題とする生き物が決まったら，ワークシートに記入させる。
【子どもたちが選んだ生き物の例】
「リンゴカミキリ」（昆虫）「ミモオラペルタ」「ヤネンシア」（恐竜）「アナグマ」（動物）「フウ」（植物）「クダゴンベ」（魚）
・早く決まった班は，「どうやったら早く探せるか」を小声で相談させる。
・すべての班が問題を作れたら，ワークシートと図鑑をセットにして，ほかの班と交換させる。

問題の生き物を見つけたら，指をさして班全員で立ち上がります。
よーい，ドン。

・立ち上がった順に，1 位，2 位，3 位……と順位をつける。
・1 問目が終わったら，ワークシートと図鑑のセットをもとに戻し 2 問目の問題を作る。
・以降，同様に 2 問目，3 問目を行う。1 問目とは違う班と交換させるようにする。

ふり返り (5分)

今日のゲームをふり返ります。

・「とてもおもしろかった」「まあまあおもしろかった」「あまりおもしろくなかった」「つまらなかった」から 1 つを選び，その理由も書かせる。

図鑑生き物さがしゲーム

（　　　　　　　　　）班

■ **ある生き物（植物も含めます）をすばやく図鑑の中からさがしましょう。**
① 班ごとに，図鑑を1冊ずつ選びます。
② 班で相談をして，図鑑の中から1つの生き物を選び，その名前を下の枠の中に書く。
③ 図鑑とワークシートをセットにして，ほかの班と交換する。
④ 「よーい，ドン！」の合図で，問題の生き物を図鑑の中からすばやく探す。
⑤ 見つけた人は，その生き物を指さし，班全員で立ち上がる。
⑥ いちばん早く立ち上がった班が1位となり，以下，2位，3位，4位…となる。

> 図鑑を選んで，問題にする生き物を決めよう！
> # 動物・昆虫・鳥・魚・植物・恐竜

第1問

第2問

第3問

●活動の様子と子どものふり返り●

活動の様子——楽しみながら図鑑に親しむ

　１問目では，「目次」を見ようとする子や「索引」を見ようとする子，とにかくページをめくろうとする子など，検索のしかたがバラバラであった。しかし，２問目，３問目とゲームを重ねていくと，「絶対，『索引』で調べた方が早いよ！」「なかまがわかってるときは，『目次』の方が早いと思う」というように，作戦を立てはじめた。検索するものによって，「目次」と「索引」を使い分けようとする子どもたちの姿が見られた。

　このゲームは，いかに難しい問題をつくるかが勝負を決める大きなポイントにもなる。頭を寄せ合って図鑑を見つめ，細かいところまでよく読みながら生き物を選んでいた。「あ，こんな生き物がいる！」「これ，問題にしたらおもしろいと思うよ」と，不思議な生き物や，長い名前の生き物，何の生き物か想像もつかない名前などを探しながら楽しんでいた。

子どものふり返り

●とてもおもしろかったです。なぜかというと，さがすのがべんきょうになったからです。

　途中で「索引」から調べるのが早いことに気がついた子どもである。「さがすのがべんきょうになった」と，自分の気づきをふり返り，スキルとして獲得できたことがうかがえる。

●とてもおもしろかったです。はじめて，図鑑からさがすものがあったし，こんな動物いるんだなぁとか，はじめての生き物を見れたのでよかった。

　「こんな動物もいるんだなぁ」とゲームの面白さとともに，図鑑の面白さも感じ取っている。探した生き物の特徴を話題にすることも，図鑑への興味づけをするうえで大切である。

●とてもおもしろかったです。まけてしまったけど，国語のせいかが出てよかった。

　国語の時間に学習した「国語辞典の引き方」を思い出したようである。「索引」は国語辞典と同じく，50音順に並んでいるので，「せいかが出た」とふり返ったのであろう。

●きょうりゅうや魚などをさがすのがとてもおもしろかった。もんだいもおもしろかった。

　積極的に図鑑を開いて問題づくりに熱中していた子どもである。「もんだいもおもしろかった」と，問題づくりの楽しさにもふれることができたようである。

実際の実践状況　３・４年生複式学級（３年生４名，４年生２名，計６名）で実践した。３人１組の班に分けて行った。

辞書を引くスキルを高める
漢字変換ゲーム

土作　彰
（つちさくあきら）

●このゲームのよさ　ひらがなだけの文章を漢字かな混じりの文章に直していくゲームである。まず子どもたちは，ひらがなだけの文章を前に，その読みにくさ，意味のとりづらさを感じ，漢字の便利さに気づく。また，グループ対抗でいくつ漢字に変換できるかを競うことで，未習も含めた漢字に対する知的好奇心を喚起できるとともに，辞書を引くスキルを高めることができる。

「せいとう」って政党？　正当？

「正当」じゃない？

ひらがなばかりで読みにくいなぁ

「する」って漢字もあるよ！

●準備

・ワークシート
・国語辞典，漢字辞典

●バリエーション

　全教科・領域の文章を読む場面で実施可能である。

　普段の学習でも即座に辞書を引く習慣を育てておく。教科も国語に限らずすべての教科で文章を読む局面において「漢字に直しなさい」と指示すればよい。折にふれて繰り返すことで漢字の便利さに気づくことになる。また，「いつ先生があの指示を出すかわからない」という思いが辞書使用の習慣化を促すことになる。

●ゲームの由来と参考文献

　土作　彰著『ミニネタ＆ゲームで楽しい授業を創ろうよ』（学陽書房）に初出のゲームである。

●展開例 [45分] ●

説明
(10分)

漢字変換ゲームをします。ひらがなだけの文章を漢字に直していくゲームです。やり方を説明します。
①グループで協力して，ワークシートのひらがなだけの文章をできるだけ漢字に直す。
②国語辞典や漢字辞典を使ってもいい。
③問題は全部で3問，それぞれ制限時間がある。
④グループ代表が，「ぼうし→帽子」のように黒板に答えを書いていく。
⑤正しく漢字に変換できた単語の個数がいちばん多いグループが優勝。

・5〜6人グループをつくる。
・ワークシートを配る。
・ワークシートの代わりに，教科書，新聞，本などからのほかの文章でもできる。クラスの実情に応じて教材を用意すればよい。

活動
(30分)

それでは1問目をはじめます。制限時間は4分です。よーい，スタート！

・ひらがなの部分を横線で消して，その上に漢字を書くように指示する。
・時間がきたら，途中でも調べる作業をすべて中断させる。

では，班の代表の人が黒板に答えを書きにきてください。

・あらかじめ黒板を班の数分に仕切り，答えを書くスペースを作っておく。
・答えを書くのに時間がかかるので，代表は各班数人出てこさせ，分担して書かせる。
・すべての班が答えを書き終えたら，教師が答え合わせをしていく。
・いちばんたくさん正しく漢字に変換できていた班に拍手を送る。
・2問目，3問目を同様の流れで繰り返す。

ふり返り
(5分)

漢字変換ゲームの感想を書きましょう。
ひらがなばかりの文章と漢字が多い文章とではどちらが読みやすいですか。

・漢字の便利さに気づいた感想があればみんなに紹介する。

MEMO

このゲームをやったあと，時間があれば教科書を音読する。もちろんその時期に学習している教材文でよい。よく読むと「ここ，漢字に直した方が読みやすいのになあ」と感じるところがあるはずである。そのような箇所を含め，教科書の文章にあるひらがなを片っ端から漢字に直させていく。次回からはその漢字を読んで音読するので，未習漢字の読みの力を高めるのにも役立つ。

漢字変換ゲーム

（　　　　　）班

■ 次のひらがなの文章を，できるだけ多くの漢字を使った文章に変えなさい。

例．つぎのひらがなのぶんしょうを，できるだけおおくのかんじをつかったぶんしょうにかえなさい。

問題1 （制限時間4分）

　ぼくはきのうこうえんにいってやきゅうをしました。まずさいしょにチームをきめました。たけしくんとおなじチームになったので，とてもこころづよかったです。

　ぼくたちのチームがせんこうになったので，だじゅんをきめました。ぼくは3ばんで，たけしくんは4ばんでした。ツーアウトでランナーなし。ここでぼくにだじゅんがまわってきました。ピッチャーはとおるくんです。1きゅうめ，とてもはやいストレートでした。みおくって1ストライクです。2きゅうめ，またもやストレートでした。ぼくはおもいきりふりぬきました。ボールはさんゆうかんをぬけてレフトまえにころがりました。はつヒットになりました。

　ぼくはとてもうれしかったです。

問題2 （制限時間2分）

　にほんこくみんは，せいとうにせんきょされたこっかいにおけるだいひょうしゃをつうじてこうどうし，われらとわれらのしそんのために，しょこくみんとのきょうわによるせいかと，わがくにぜんどにわたってじゆうのもたらすけいたくをかくほし，せいふのこういによってふたたびせんそうのさんかがおこることのないようにすることをけついし，ここにしゅけんがこくみんにそんすることをせんげんし，このけんぽうをかくていする。

問題3 （制限時間1分）

　いろはにおえどちりぬるを，わがよだれぞつねならむ。

● 活動の様子と子どものふり返り ●

活動の様子——未習の漢字は子どもたちの知的好奇心を喚起する

　たとえば4年生の担任になる。年間を通じて黒板にいろいろな文字を書くことになるのだが，「現時点で未習の漢字はひらがなに直さなければならない」というのが4年生の子どもたちに対する配慮だと思われている。しかし果たしてそうだろうか。実際に書くのは難しいとしても，未習の漢字の横に読み仮名をつけてやれば，子どもたちは十分読めるはずである。

　ワークシートにある文章はすべてひらがなで書かれている。これがいかに読みにくいか，また意味を想像しにくいかをまず実感させる。はじめは名詞・固有名詞のみを中心に変換しているが，レベルが上がるにつれて動詞，形容詞，形容動詞などにも目が向くようになる。ワークが終わったあとに「どちらの方が読みやすいか」「どちらの方が意味を想像しやすいか」問うてみる。圧倒的に漢字の多い文章に手が挙がるはずである。このように認識をまとめる段階を入れることは非常に有効である。

　難読漢字クイズなどに対して子どもたちはものすごい関心を示す。まだ知らないことを知るというのは実に楽しいものなのだ。このことを漢字変換クイズは実証してくれる。子どもたちは黙々と辞書を引き始めるはずである。

子どものふり返り

●必死になって辞書をひいてしまいました。「する」という漢字があるなんて知りませんでした。

　意外な新発見が子どもたちをさらにホンキにさせるのである。このゲームをすると，折にふれて辞書を引き始める子どもたちがぐっと増える。辞書の便利さを実感するからである。

●漢字を調べると，同じ読みの漢字（同音異義語）がたくさんあってどれがいいか迷いました。先生は「語脈，文脈から判断していちばんよいと思ったものを答えなさい」としかいってくれません。

　教師はここで「突き放す」。あくまで自力で答えさせるのである。教師が答えを言ってしまっては何の意味もない。ここで，「語脈，文脈から言葉を推測する」という力も同時に養うことができる。一石二鳥である。

●ひらがなが多くて教科書が読みにくいことがあったけど，（今回のゲームで）漢字のほうが読みやすいって思いました。

　このような実感は大切である。このような気づきがあって初めて子どもたちは変わる。また，ここから「読みやすいようにできるだけ漢字を使いましょう」と作文指導につなげることが可能である。

国語辞典，漢字辞典を使い分け，すばやく調べるスキルを身につける

漢字リレーゲーム

土作　彰
（つちさくあきら）

●このゲームのよさ　国語辞典と漢字辞典の使い方は学習しても，何を調べるときにどちらを使うと便利かは，判断が求められる。そこで，「木へんの漢字10個」などの課題を課すことによって，辞書を駆使して解いていく。グループで協力して課題をクリアしていく中で，目的に応じて辞書を使い分け，すばやく調べるスキルを高めることができる。

●準備

・ワークシート
・国語辞典，漢字辞典

●バリエーション

あらゆる教科・領域でのリレークイズが可能である。要するに枠さえ設定しておけば，クリアすべき課題は何でもよいのである。

【社会】たとえば，「歴史上の人物のポイント整理」なら「織田信長のとった政策3つ」「豊臣秀吉のとった政策4つ」という具合に。

【理科】たとえば，「実験・観察ポイント整理」なら「発芽の条件3つ」「発芽後の成長の条件3つ」という具合に。

●ゲームの由来と参考文献

千葉の小学校教師，戸田正敏氏の実践（1994年，学習ゲームIN奈良での講座）を参考にした。

●展開例 [45分]

説明（10分）

> いまから「漢字リレーゲーム」を行います。
> グループ対抗で漢字を調べて，課題にどんどん答えていくゲームです。
> やり方を説明します。
> 　①グループで協力して，課題の漢字を調べる。課題は5つ。
> 　②1つ目の課題ができたら先生のチェックを受け，黒板に答えを書く。
> 　③各関所（課題）をクリアしたグループはどんどん先の関所へ進む。
> 　④いちばん先にすべての関所をクリアできたグループの勝ち。
> 　　ただし，漢字の書き間違いがあれば減点され，順位が下がる場合がある。

・5〜6人グループをつくる。
・ワークシートを配る。
・黒板には次のような枠を書いておく。

	①木へん 10個	②さんずい 10個	③10画 5個	④サン 20個	⑤訓5字以上 5個	得点 順位
1班						
2班						
3班						
4班						
5班						
6班						

※①「木へん」の漢字10個，②「さんずい」の漢字10個，③10画の漢字5個，④「サン」と音読みする漢字20個，⑤訓読みの字数が5字以上（志・こころざし など）の漢字5個

活動（30分）

> ではゲームをはじめます。よーい，スタート！

・課題ができたグループは，ワークシートに記入して，代表者が教師のところへ見せに来るように言う。
・教師は，個数のみ確認する。クリアしていれば黒板に答えを書かせる。
・教師は，『1班速いです』『3班逆転しました』などと実況中継して場を盛り上げる。
・最後の班がゴールしたら，得点を集計する。
・まず，ゴールした順番によって1位60点，2位50点，3位40点，4位30点，5位20点，6位10点の順位得点が得られる。次にミス（明らかな字の間違い，乱雑な板書など）1箇所につき2点を減点していく。早くゴールできてもミスにより大きく順位が下がるので，ていねいさが求められる。
・優勝チームへみんなで拍手を贈る。

ふり返り（5分）

> 黒板に書いてある漢字の中から「これは！」と思ったものを3つずつノートに書き写しなさい。なるべく自分たちで調べられなかった漢字がいいですね。
> 今日の「漢字リレーゲーム」をふり返って感想を書きましょう。

漢字リレーゲーム

（　　　　　）班

■ ゲームのやり方

①グループで協力して，課題の漢字を調べます。課題は5つあります。
②1つ目の課題ができたら先生のチェックを受け，黒板に答えを書きます。
③それぞれの関所（課題）をクリアしたグループはどんどん先の関所へ進めます。
④いちばん先にすべての関所をクリアできたグループの勝ちです。
※漢字の書き間違いがあれば最後に減点されます。注意しましょう！

■ グループで協力して，正確に早くゴールをめざそう！

↓ここに課題を書こう　　　　　↓ここに調べた答えを書こう

第1の関所	
第2の関所	
第3の関所	
第4の関所	
第5の関所	

● 活動の様子と子どものふり返り ●

活動の様子——国語辞典と漢字辞典の使い分けスキルと調べるスキルアップ

　国語辞典と漢字辞典の使い方は学習しても，何を調べるときにどちらの辞典を使用するかについては，なかなか自分で判断する機会がない。「部首がさんずいの漢字10個」なら漢字辞典の方が便利であるし，「読みがキシャという言葉10個」なら国語辞典の方が早い。もちろんどちらの辞書でも調べることは可能であるが，調べるスピードは大きく変わってくる。

　何回か続けていくと，グループで仕事分担を行うようになってくる。これにより関所のクリアに要する時間，およびゴールに要する時間は大幅に短くなってくる。そうすると，45分の時間内で1回だけでなく数回繰り返すことが可能になってくる。またリレーであるから，一人一人の辞書を調べるスピードも目に見えてアップしてくる。

　黒板にはほかのグループが調べた情報が「満載」状態となっている。ノートに写すなどして情報を共有することはテスト前のポイント整理に最適である。

　千葉の戸田正敏氏は関所クリアごとに「バンザイ！」「やったあ！」などの掛け声をグループで揃って言わせる実践を紹介している。教室を明るい雰囲気にしたいとき，元気にしたいとき，取り入れると効果は抜群である。

子どものふり返り

●早くゴールしたくて必死で協力して調べました。他のチームが（関所を）通過すると焦ったけど，3位だったのでまあよかった。

　競争で勝負を決することが効果的に働くのが学習ゲームのもつ特性の1つである。ともすればつまらなくなりがちな辞書を引くという作業も，ゲーム化することでぐっと楽しいものになる。

●うまく分担して辞書を使いまくったら1位になれた！　友達と協力してゴールできるからとても楽しかった。

　協力して課題を達成することが，共同作業型ワークショップの魅力でもある。
　協力という概念も，何百回とお題目を唱えたところでわかりはしない。このようなワークを通じて体感させていくのである。

●思った字や言葉が見つからない時はテンパッてしまったが，他のグループの答えをパクッてもいいので，何とか関所を通過できた。

　ほかのチームの情報の「パクリ」は大いに認める。「パクリ」というと聞こえが悪いが，何てことはない，「情報の共有化」である。またこのようなつぶやきは学級全体に紹介し，「マネをして自分に取り入れることはいいことだ」という価値観を浸透させていく。学び合える学級の雰囲気を創りだすのに役立つ。

辞書で調べながら正しい情報の見分け方

辞書ゲーム

佐内　信之
（さないのぶゆき）

●このゲームのよさ　本来，辞書は言葉の意味を調べたいときに用いる。このゲームは逆に，意味不明の珍しい言葉を辞書で探すところから始まる。すると，世の中には意外に自分の知らない言葉が多いと気づく。辞書で調べる必要性を自然に感じるのである。同時に，ウソの意味を考えたり見破ったりする相手との駆け引きも体験できる。こうした活動を通して，正しい情報を見分けるスキルが身につく。

「うね」という言葉の意味は次のどれでしょう？
①隅田川に住んでいる魚
②田畑で盛り上がっているところ
③馬車に似た昔の乗り物
④肉や野菜を煮付けた料理

えー，迷うなあ

絶対③だ。
自信あるぞ

●準備

・辞書（人数分）
・ワークシート
・メモ用紙（B6程度）

●バリエーション

【理科】辞書の代わりに図鑑を用いる。動物・植物・昆虫・花などとテーマを限定すれば，各学年で取り組める。
【社会】6年生で，資料集を用いた歴史上の人物ゲームを行う。人物名に対して，おもな業績を選択肢にする。ゲームを楽しむためには，まだ歴史について知識の少ない導入の時期がよい。

●ゲームの由来と参考文献

日本では「たほいや」という名でも知られている。学習ゲームとして最初に教室へ持ち込んだのは池田修氏だと思われる（『授業づくりネットワーク』No.134）。「辞書ゲーム」という名のアイデアはマリリン・バーンズ著『考える練習をしよう』（晶文社）に示されており，いくつかの追試実践が発表されている。本実践では「対戦表」形式のワークシートを工夫した。

●展開例 [45分]●

説明（5分）

今日は辞書を使って学習します。次の言葉の意味は何でしょう？

・教師は「パロチン」と板書する。
・教師は次の4つの選択肢を2回読み上げる。
　①消毒用の薬の名前
　②アフリカで発見された微生物の名前
　③人の唾の中にある物質
　④昔流行したテレビキャラクター
　（田村一秋氏による出題，上條晴夫編著『論理的な表現力を育てる学習ゲーム』学事出版より）
・子どもたちに挙手で番号を選ばせ，正解（③）を発表する。
・『いまのようにウソの中からホントの意味を当てるゲームをやります。辞書の調べ方だけでなく，正しい情報を見分ける学習もできるゲームです』と説明する。

活動（35分）
問題づくり〈10分〉

まずは，一人一人が「パロチン」のような問題を考えます。辞書の中から，みんなが知らないような珍しい言葉を探しましょう。時間は10分です。

・あらかじめ，1人1冊ずつ辞書を用意させておく。
・教師はワークシートを配布し，子どもたちに探した言葉や意味をメモさせておく。
・ワークシートにはゲームのルールや対戦表も示しておき，早く探した子が目を通せるようにしておく。

辞書ゲーム〈20分〉

班ごとに辞書ゲームをします。ルールは次のとおりです。
　①4人グループを作り，出題する順番を決めて，名前を書き込む。
　②1回戦の出題者が問題を読み，3人の解答者はウソの意味を考える。
　③出題者はホントの意味，解答者はウソの意味をメモ用紙に書く。
　④出題者はメモ用紙を集めて混ぜ，書かれた意味を読み上げる。
　⑤解答者はホントの意味を予想し，その結果により得点を記録する。

・出題者が「問題」を読み上げるときのアクセントによっても勝敗が左右される。言葉の読み方もポイントである。
・解答者は自分が考えたウソだけはわかっているので，残り3つの選択肢からホントの意味を当てることになる。
・解答者はホントの意味を「当てる」と1点獲得する。ほかの解答者が考えたウソの意味を見破るのである。
・また，解答者は自分の考えたウソの意味で「だます」と1～2点（だました人数分の得点）獲得する。上手にウソをつくとゲームに勝てるのである。

ふり返り（5分）

優勝者に問題づくりのコツを教えてもらいましょう。

・問題となる珍しい言葉を探すときは，いかに辞書を調べるかがポイントとなる。
・ウソの意味を考えるときは，いかに辞書独特の表現を真似るかがポイントとなる。

辞書ゲーム

年　　組　名前（　　　　　　　　）

ルール
① 4人グループをつくり，出題する順番を決めて，名前を書き込む。
② 1回戦の出題者が問題を読み，3人の解答者はウソの意味を考える。
③ 出題者はホントの意味，解答者は意味をメモ用紙に書く。
④ 出題者はメモ用紙を集めて混ぜ，書かれた意味を読み上げる。
⑤ 解答者はホントの意味を予想し，その結果により得点を記録する。

辞書の中から「パロチン」のような珍しい言葉をたくさん探してみよう！

対戦表

名前								
1回戦	問題		当てる	点	当てる	点	当てる	点
			だます	点	だます	点	だます	点
2回戦	当てる	点	問題		当てる	点	当てる	点
	だます	点			だます	点	だます	点
3回戦	当てる	点	当てる	点	問題		当てる	点
	だます	点	だます	点			だます	点
4回戦	当てる	点	当てる	点	当てる	点	問題	
	だます	点	だます	点	だます	点		
合計点	点		点		点		点	

活動の様子と子どものふり返り

活動の様子──ホントの意味を「当てる」

辞書ゲームは4択クイズである。珍しい言葉の意味を推測するためには，手がかりが必要である。その1つが辞書独特の表現である。辞書は限られたスペースにたくさんの情報を盛り込もうとするため，体言止めなどの簡潔な表現が多い。辞書に親しみ，そのような特徴に気づくかどうかが，ゲームの勝敗を左右する。

──ウソの意味で「だます」

辞書ゲームはクイズだが，ただ正解を選ぶだけではないところが面白い。4つの選択肢の中には，すぐに間違いとわかるものがある。自分自身が考えたウソの意味である。解答者それぞれのウソが混じっているため，駆け引きが生まれる。

相手をだまして喜んだり，逆に，だまされて悔しがったり……。このようなゲームを楽しみながら，自然に「正しい情報の見分け方」を考えていくのである。

子どものふり返り

以下に示すのは，あるグループで優勝した子Cと最下位だった子Bが考えた意味である（それぞれ2回戦がB，3回戦がCの出題）。得点（当てられた人数は−，だました人数は＋）も合わせて紹介する。

【1回戦　ペスト】　　　B　遠い外国の名前
　　　　　　　　　　　C　昔イギリスで使われていた長さの数え方（+1）
【2回戦　ルクス】　　　B　明るさをあらわす単位（−3）
　　　　　　　　　　　C　ギリシア神話に出てくる人の名前
【3回戦　うね】　　　　B　隅田川に住んでいる魚
　　　　　　　　　　　C　田畑でもりあがっている所（−2）
【4回戦　バングラデシュ】B　外国の食べ物
　　　　　　　　　　　C　アマゾンに生息する魚の名前（+1）

●優勝してうれしかった。特に，私が考えた言葉を選んでくれたのがおもしろかった。

これはCの感想文である。Cが1・4回戦でだましたのは両方ともBである。

2人が考えた意味を比べるとCの方が長い。Cのように具体的な言葉を示すと，だまされる確率が高くなるようである。

Bが出題した「ルクス」は残念ながら3人全員に正解を見破られてしまった。

Bのように苦戦していた子は，珍しい言葉選びの時点で迷っていた。そのことは次の感想文にも表れている。実例を示すなどの指導が必要だと思われる。

●難しかった。私ばかりだまされて少しくやしかった。辞書には知らない言葉がいっぱいあって，どれを選んでよいのかわからなかった。

第4章のガイド

進藤聡彦

　本章で紹介するゲームは学習対象を深く追究する学習スキル形式のためのものである。「**分類図形当てゲーム**」は，当たりを含む複数の図形の中から「はい・いいえ」で答えられる質問をして，目的の図形を当てるゲームである。このゲームでは図形について属性（およびその値）レベルでの分析が必要になるから，図形の特徴も理解できる。例えば，いろいろな三角形の中に楔形四角形を「当たり」として入れ，これを当てさせるなどのゲームは図形の定義の学習にもなる。

　2番目の「**○○時代スリーキーワードゲーム**」は，ある時代を表す3つのキーワードを選び，キーワードの適切さを競うゲームである。キーワードは究極の要約である。適切な要約をする過程では，重要度や因果関係などを考慮し，全体構造の中で個々の事項の位置づけを明確にすることが必要になる。こうした内的な作業を通せば，知識は構造化され，理解や記憶が促進されやすくなる。

　3番目の「**『重なっちゃダメ！』ゲーム**」は，「プロ野球のチームといえば？」というようにあるカテゴリーを取り上げ，その要素を他の人と重ならないように挙げさせるゲームである。ゲームに勝つためには，他の人が考えつかないようなものを挙げる，逆にみんなが挙げそうだからと他の人が避けそうなものを敢えて挙げる，ことが必要だ。このように他者の思考を考えることになるので，メタ認知的知識と呼ばれるような人の思考の特徴に関心をもつ契機にもなる。

　4番目の「**こじつけ共通点ゲーム**」は，一見関連性をもたないような2つの事物間に共通点を見いださせる。このゲームでは，最初の「分類図形当てクイズ」と同様，事物を属性レベルでとらえる必要が出てくる。属性レベルでの把握は多様な着眼点を保証するため，ものごとの分析に役立つ。また，反論がしにくい「こじつけ」をすることは，論理性の訓練にもなるように思う。

　最後の「**ネゴシエーターゲームⅡ**」は，一方のチームが「～してもいいですか」と尋ねる。相手側のチームは，「～だからダメです」と理由をつけて断る。さらに申し込み側のチームは条件をつけて許諾を求めるが，それにも理由を付けて断り続けるというゲームである。提案者がこのゲームのねらいとする主観的な「思い」を排して，議論の文脈にのった論理的でかみ合った議論ができるためのトレーニングになっているように思う。

第 **4** 章

吟味・検討するスキル

分類図形当てゲーム──80
○○時代スリーキーワードゲーム──84
「重なっちゃダメ！」ゲーム──88
こじつけ共通点ゲーム──92
ネゴシエーターゲームⅡ──96

ものごとの特徴を考えながら分類するスキルを身につける

分類図形当てゲーム

平嶋　大
（ひらじまだい）

●**このゲームのよさ**　図形の特徴を考えながら質問をして当てるゲーム。6つの図形から選ばれた1つの図形を，班ごとに質問をして当てていく。ただし，質問は，「はい」か「いいえ」で答えられるもののみであるため，図形の特徴をつかみ分類していくことが，ゲームに勝つためのポイントとなる。班で質問を考えることで，より絞り込んだ分類のしかたを学び合うことができる。

●準備

・ワークシート（班の数分）
・黒板掲示用の図形（△□○☆◇♡の6種類）
・封筒に入れる図形（黒板掲示用と同じもの）
・図形が入る大きさの封筒（1つ）

●バリエーション

【社会】6年，「歴史上の人物」の復習。足利義満，源頼朝，織田信長，徳川家康などの歴史上の人物を6人選び，その中の1人を問題にする。人物の特徴を分類した質問が出てくる。

【理科】6年，「水溶液」の復習。塩酸，石灰水，酢酸などの6種類の水溶液のうち1つを問題にする。「アルカリ性ですか？」といった特徴を考えて分類した質問が飛び出す。

●ゲームの由来と参考文献

全国算数授業研究会企画・編集『これからの図形指導』（東洋館出版社）にある大松恭宏氏の実践「『形』が決まる」をもとにした。原実践では自由な質問をすることができるが，本実践では，分類させるために「はい」か「いいえ」で答えられる質問に限定した。

●展開例 [20分] ●

説明 (5分)

「分類図形当てゲーム」をします。ものごとの特徴を考えながら分類する力をつけるためのゲームです。

- クラスを5つの班に分け，ワークシートを配る。
- 6種類の図形（△，□，○，☆，◇，♡）を黒板に貼り，名前を確認する。
- この中の1つと同じ形の図形を封筒に入れておき，黒板に貼る。

ルールの説明をします。班で考えた質問をしながら，封筒に入っている図形を当てるゲームです。
　①班ごとに「はい」か「いいえ」で答えられる質問をたくさん考える。
　②班で1つ質問を選ぶ。
　③最初の班が質問をし，教師が「はい」か「いいえ」で答える。
　④2番目以降の班も同様に質問をし，教師が答える。
　⑤答えがわかった班は，代表が教師に伝える。いちばん早く答えた班が優勝。
　⑥すべての班が正解するか，すべての班が質問をするまで繰り返す。

- ほかの班の質問でわかったときも解答してよい。
- もし，答えがはずれたら，次の班の質問のときに解答権がなくなる（1回休み）。
- 正解した班は，質問をしない。

活動 (12分)

質問づくり 〈5分〉

班ごとに「はい」か「いいえ」で答えられる質問をたくさん考えて，ワークシートに書いてください。時間は3分です。

- ワークシートに書く子，質問をする子，答えを先生に伝えにいく子を決めさせる。
- ほかの班に聞こえないように，小さな声で相談することを伝える。
- 時間になったら，質問をする班の順番を決める。

図形当てゲーム 〈7分〉

では，質問を受けます。最初の班の代表の人，質問をしてください。

- 最初の班が，1つ質問を選び発表する。
- 教師は質問を板書し，「はい」か「いいえ」で答える。「はい」なら○，「いいえ」なら×を板書する。
- 答えたい班の代表は，1人ずつ教師のところに来て，ほかの班に聞こえないように伝える。
- 同様に，2番目の班以降が，質問をしていく。
- すべての班が正解する，または，5番目の班の質問が終わるまで繰り返す。
- 優勝した班にあたたかい拍手を贈る。

ふり返り (3分)

今日のゲームをふり返って，感想を書きましょう。

- 「とてもおもしろかった」「まあまあおもしろかった」「あまりおもしろくなかった」「つまらなかった」から1つを選び，その理由も書かせる。

分類図形当てゲーム

（　　　　　　　　　）班

6つの図形のうち，封筒に入っている図形を，質問をしながら当てましょう。
① 「はい」か「いいえ」で答えられる質問をたくさん考えます。
② 班で1つ質問を選び，班ごとに1つ先生に質問をします。
③ 先生は，「はい」か「いいえ」で答えます。
④ 答えがわかったら，班の代表が先生のところに来て答えます。
⑤ いちばん早く正解した班が優勝です。
⑥ 答えをまちがえると，次の質問のときに答えられません。
⑦ 正解した班は，質問をしません。

封筒に入っている図形は，次のうちどれだ！

△　□　○　☆　◇　♡

＊「はい」か「いいえ」で答えられる質問をたくさん考えよう！

....
....
....
....
....
....
....
....

● 活動の様子と子どものふり返り ●

活動の様子──ほかの班の質問をよく聞き，班で相談が生まれる

　　質問するたびに答えに近づいていくゲームであるため，ほかの班が作る質問にも大いに関心が寄せられる。その質問から考えられる図形を「あれだ」「こっちだ」と相談し始める。「もし間違えたら1回休みになってしまう」という緊張感と，「高い得点を取りたい」という気持ちの高まりから自然発生的に生まれる相談である。クラスのほとんどの子どもが「とてもおもしろかった」とふり返った。

　　ゲームを繰り返すと，いろいろな質問が出てきた。「ゲームのコントローラーにありますか？」といったほかのものに置き換えて考える質問や，「とがっているところはありますか？」といった抽象的な質問，そして「直角はありますか？」といった図形の特徴を的確にとらえた質問などが出された。それぞれのよさを認めることで，いろいろな分類のしかたを考えようとする力をつけることができる。

子どものふり返り

　●とてもおもしろかったです。なぜかというと，協力できたし，考える力がついたと思うからです。

　　班のリーダーとして，質問をたくさん考え，まとめていた子どもである。「協力できた」というところに，班での相談がうまくいった様子がうかがえる。また，「考える力がついたと思う」の部分から，質問をつくるためには，「考える」こと，つまり特徴をとらえて分類することが大切だと感じたようである。

　●とてもおもしろかった。はくねつしたたたかいみたいになった。みんなで考えることもいっぱいできたからよかった。

　　「はくねつしたたかい」という表現が面白い。図形を当てる駆け引きをとても楽しんでいた。「みんなで考える～」からは，班での話し合い活動が充実していたことがわかる。

　●とてもおもしろかったです。理由は，図形を当てるのがドキドキしていくから楽しい。当たったらうれしいです。

　　「ドキドキしていく」と書いていることから，ゲームのもつ緊張感を味わっていることがわかる。継続して行うためには，このような緊張感を味わわせることも重要な要素となる。

実際の実践状況

　本実践は，3・4年生複式学級（3年生4名，4年生2名，計6名）で実践した。2つの班に分けて行った。

特徴を3つに絞って考えるスキルを身につける

○○時代スリーキーワードゲーム

佐藤　正寿
（さとうまさとし）

●このゲームのよさ　ある時代について，子どもたちが選んだキーワードを吟味して考えるゲーム。吟味のしかたが，個人レベル，班レベル，学級レベルの3段階に分かれており，その過程で子どもたちの思考が深まることになる。特に，班レベルで話し合うときには，基準をもとに話し合うので，歴史について自分と違った見方について考えを深めることができる。

（吹き出し）
- それもあったなぁ
- 僕と同じだ！
- 僕が選んだキーワードは「ご恩と奉公」「いざ鎌倉」「元寇」です。理由は……

●準備

・ワークシート（ノートでもよい）

●バリエーション

【社会】5年，農業の学習で。「これからの農業で大事なスリーキーワードを考えよう」という場面設定を行う。個人，班，学級と3段階で考えることにより，いろいろなものの見方（例：環境重視のキーワード，生産量向上のキーワード，後継者育成のキーワード）があることを学ぶことができる。水産業の学習でも同じことができる。

【国語】5・6年，説明文の学習で。「この説明文で筆者の主張を3つのキーワードで表すと何か」と問いかけて場面設定を行う。方法は同様である。より吟味されたキーワードが出てくる。

●ゲームの由来と参考文献

中村健一氏の「勝ち抜き討論ゲーム」（上條晴夫編著『小学校社会科の学習ゲーム集』学事出版）を参考にしている。勝ち抜く形式を班での吟味に変えている点，最後のスピーチを発表に変えている点が原実践との違いである。

●展開例［45分］●

説明（6分）

今日は，「鎌倉時代スリーキーワードゲーム」をします。これは，鎌倉時代を表す3つのキーワードを考え話し合うゲームです。やり方を説明します。
①個人で鎌倉時代を表している言葉を3つ選ぶ。
②個人のキーワードを班で発表し合う。そして，また3つに絞る。
③班ごとに3つのキーワードを黒板に書き，理由をつけて発表する。
④自分の班以外でいちばんいいと思った班を選ぶ。

・子どもたちにワークシートを配布する。
・質問がないか聞く。

活動（32分）

個人で選ぶ〈10分〉

まず，鎌倉時代のキーワードをたくさん選びなさい。時間は5分です。
そのキーワードのうちから「より鎌倉時代を表しているもの」を3つ選びます。理由もワークシートに書きなさい。

・子どもたちはさっそく教科書や資料集を使って選び始める。次のようなものがあがる。
「鎌倉幕府」「将軍」「源頼朝」「北条政子」「北条時宗」「いざ鎌倉」「守護と地頭」「ご恩と奉公」「やぶさめ」「切り通し」「金剛力士像」「元寇」「一所懸命」「武士の館」等
・5つ書いたところでストップさせ，絞り込みに移る。1人平均10個ぐらい書いている。
・子どもたちは悩みながらも3つ選ぶ。「源頼朝…長く続く武士の時代を最初に開いたから」「いざ鎌倉…この言葉で武士は団結したから」というように書いている。

班で選ぶ〈12分〉

班で鎌倉時代のキーワードを3つ選びます。一人一人が選んだ3つのキーワードを，理由をつけて発表します。それらのうちから3つに絞ります。

・絞る基準は「多くの人が出したもの」や「理由が納得できるもの」であることを伝える。
・基準にそって各班とも3つのキーワードを選ぶ。
・3つのキーワードは子どもたちが板書する。

クラスで選ぶ〈10分〉

各班の発表です。キーワードとそれを選んだ理由を言います。
自分の班以外で「なるほど」「納得する」と思った班を選びましょう。

・「1つ目は元寇です。日本がこのときに敗れていたら，日本は元に支配されていたかもしれないからです」といった内容を子どもたちは発表する。
・発表後に，挙手でどの班がチャンピオンか選ぶ。

ふり返り（7分）

今日のゲームの感想を書きましょう。

・「話し合いで見方が広がった」「キーワードを選ぶときによく考えた」という内容を取り上げて紹介する。

鎌倉時代スリーキーワードゲーム

年　　組　名前（　　　　　　　　　）

1 鎌倉時代を表すキーワードをいくつも書きましょう。

....
....
....

2 書いたもののうち3つを選びましょう。

　　　　キーワード　　　　　　　　　　理　　由
① ....　..
② ....　..
③ ....　..

3 班で3つを選びましょう。

　　　　キーワード　　　　　　　　　　理　　由
① ....　..
② ....　..
③ ....　..

4 学習の感想を書きましょう。

....
....
....
....
....

● 活動の様子と子どものふり返り ●

活動の様子――いろいろな見方・考え方があることを知る

　ここで育てたいスキルはあくまでも「特徴を示すキーワードを考える」というものである。だから，出てくるキーワードは何でもよい。となると大事なのは，考える手立てである。最初は自分の力で選択→班で→全体でというステップを踏んでいるが，いちばん時間がかかるのが班の段階である。見方が違えばキーワードも変わる。基準があいまいであると班では絞れない。そこで基準を示す。「多くの人が出したもの」や「理由が納得できるもの」というように。同時にこの学習での目的も子どもたちに自覚させる。「自分のキーワードが選ばれなくてもいい。これを考えることによって，いろいろな見方があることを学ぶ。それもこの学習では大切」と。これを伝えることにより，ほかの人のキーワードに対する考え方も深まる。

　チャンピオンの班が決まったら，まず「このキーワードを出した人は？」と，考えた人を讃える（このときには「いざ鎌倉」「元寇」「一所懸命」をキーワードに選んだ班がチャンピオンになった）。次に，それを選んだ人もほめる。2位だったチームにも同様に行う。みんなの拍手で楽しい雰囲気の中でゲームを終えることができる。

子どものふり返り

●自分の班は惜しくもチャンピオンになれなかったけど，とても楽しかったです。このようなゲームをすれば，その時代を考える学習になるし，キーワードも忘れることがないのでいいと思います。またやりたいです。

　チャンピオンを決めるとなると勝負に燃える子もいることがわかる。また，このように学習の意義をきちんとふり返ることにより，意欲も高まる。

●鎌倉時代を表すキーワードを選んで話し合いをしたときに，友達の話をなるほどと思いながら聞いていました。特に，「いざ鎌倉は全部のキーワードに関係がある」という考えに納得しました。

　友達の説明によって，自分の見方がひろがったという感想である。この点が集団で学び合うことのよさと考える。

●自分でキーワードを選ぶときの理由を考えることができなくてむずかしかったです。友達の発表を聞いて，そう書けばいいんだーと思いました。でも，やっぱり最初はむずかしいと思いました。

　なかなか選んだキーワードの理由が書けない子もいた。同時に「大切だから」「鎌倉時代を表しているから」といった不十分な理由を書いている子もいた。理由を書く場合には，友達の例を紹介したりしながら考えさせることも必要である。

人と違う考え方・ものの見方をしようとする態度を育てる

「重なっちゃダメ!」ゲーム

中村　健一
（なかむらけんいち）

●このゲームのよさ　このゲームでは，ほかの班と答えが重なるとポイントが得られない。そのため，子どもたちは，ほかの班と違う答えを探そうとする。しかし，ほかの人と違う答えを出すことは，予想以上に難しい。独自の意見だと思っていても，誰かと重なってしまう。子どもたちは，「人と違う意見を出すのはすごいことだ！」と「人と違う」ことに対してプラスイメージをもつようになる。

●準備
・短冊黒板（班の数だけ）
・チョーク（班の数だけ）
・黒板消し（班の数だけ。雑巾でもよい）
・ワークシート

●バリエーション

【社会】1枚の写真から気づきを出させる場合。多様な気づきを引き出すために，次のような簡単ゲームをする。『いまから写真を見て，気づきを1つだけ書きます。その気づきが誰とも重ならなければ勝ちです。ほかの人が書いていたら負けです。時間は2分。よーい，スタート』

【特活】お楽しみ会についての話し合いで。ユニークなアイデアを出させたいときにも左の簡単ゲームが使える。

●ゲームの由来と参考文献

上里おもしろ教育情報研究会著『いつでもどこでも友だち作りゲーム100選』（明治図書）の「違うが勝ち」をもとに修正追試した。おもな修正点は，最初に一人一人の意見を書かせる点である。

●展開例 [45分] ●

説明（5分）

「重なっちゃダメ！」というゲームをします。人と違う考え方・ものの見方をしようとする態度を身につけるためのゲームです。

・多様な意見が出ることの大切さを具体的に説明する（学級会，授業中などを例に）。
・6つの班をつくらせる。

活動（35分）

さっそくゲームをします。ルールは次のとおりです。
　①教師がお題を出す。（「プロ野球のチームといえば」など）
　②一人一人がほかの人と重ならないと思うものを1つ書く。
　③班で相談して，ほかの班と重ならないと思うものを1つ選ぶ（1分間）。
　④順番に書いたものを発表していく。
　⑤どの班とも重なっていなければ1ポイント獲得。
　⑥①～⑤を繰り返す。いちばん多くのポイントを獲得した班が優勝。

・ワークシートを配る。

先生がお題を出します。まずは自分の考えをワークシートに書いてください。ほかの人と重なったらダメですよ。時間は1分。おしゃべり禁止です。

・お題を発表する。お題の内容と順番は，次のとおり。
　　1　「あ」ではじまる食べ物といえば　　2　ボールを使うスポーツといえば
　　3　小学校で習う教科といえば　　　　　4　毎日学校に持ってくる物といえば
　　5　「山」のつく県名といえば　　　　　6　中国地方の県の名前といえば

班で相談して，ほかの班と重ならないと思うものを1つ決めます。それを短冊黒板に書いてください。1分後に発表してもらいます。

・司会は教師が担当。明るく，ドラマチックに行う。
・1問目は，1班，2班，…6班の順。2問目は，2班，3班，…1班の順に発表させる。
・答えを班全員で元気よく読ませる。読み終わったら，短冊黒板を上にあげさせる。
・黒板に表をつくり，各班の○×がわかるようにする。
・最後の問題は，3倍の得点にする。

ふり返り（5分）

今日のゲームをふり返ります。「気づいたこと」「思ったこと」「感じたこと」「考えたこと」をワークシートに箇条書きします。5分間でたくさん書けた人がエライです。

MEMO

同じフレームをもったゲームを2つ紹介する。ともに活発な話し合いを促すことができるゲームである。
【同じが勝ち】　1人が前に出て，お題に対する答えをみんなに見えないように1つ書く。班で相談して，その答えが何か予想して書く。予想が当たっていたら，1ポイント獲得。
【テレパシー】　班で相談して，お題に対する答えを1つ書く。ほかの班1つとだけ同じなら1ポイント獲得。ほか2つ以上の班と同じだとアウト。どの班とも一緒にならなくてもアウト。かけひきが必要。

「重なっちゃダメ！」ゲーム

年　　組　名前（　　　　　　　　）

1

「お題」をメモして，ほかの人と重ならないような答えを1つ考えて書きましょう。

	お題	自分の考えた答え
①		
②		
③		
④		
⑤		
⑥		

2

「重なっちゃダメ！」ゲームをして，「気づいたこと」「思ったこと」「感じたこと」「考えたこと」を箇条書きにしなさい。

-
-
-
-
-
-

● 活動の様子と子どものふり返り ●

活動の様子——人と違う考えを出すのは難しい

　　お題「毎日学校に持ってくるものといえば」のとき。最初の班は「自分」と書いていた。その班の子はしてやったりの表情である。しかし，この答えはほかの2つの班と同じでアウト。自分ではすばらしいアイデアを思いついたつもりでも，同じようなことを考える人はいるものだ。それがわかっただけでも，子どもたちにはプラスである。ちなみに，次のような独創的と思われる意見がアウトだった。
　　　○「あ」ではじまる食べ物といえば…「あんこう鍋」
　　　○小学校で習う教科といえば…「保健」「生活科」

子どものふり返り

●みんな知らなさそうなのを思いついたときにかぎって，同じ答えを書いている人がいて，がっかりした。

　「みんな知らなさそうなのを」から，自分では人とは違った自分らしい意見だと思っているのがわかる。それが特別でないとわかったときの「がっかり」という気持ちがいい。人と違う考えを出すことの難しさを実感してくれている。

●ほかの人のことを考えて答えを出さないといけない。人の気持ちをわかろうとしている自分に気がついた。

　「ほかの人のことを考えて」の部分から，「ほかの人の」「答え」を予想しながら自分の「答え」を考えているのがわかる。たしかに自分のことだけ考えていたのでは，このゲームは勝てない。「人の気持ちをわかろうと」するようになったのは，このゲームの思わぬ副産物であった。

●ほかの人が答えを言ったとき，「それがあった！」と思うことがよくあった。

　「それがあった！」は，独創的な意見を出した子へのほめ言葉。「人と違う意見を出す子はすごい！」という価値観をもたせることができるゲームである。

●発明家なんか，誰も考えてないことを考えて作るから，発明家はすごいなあと思った。

　「誰も考えてないことを考え」る例として「発明家」を挙げている。「発明家」自体，子どもたちがプラスイメージをもつ職業である。「すごいなあ」という感想からも「誰も考えてないことを考え」ることに対してプラスイメージをもったことがわかる。

●ほかの班と答えが同じになって，「パクリした」とか言われて悔しかった。

　唯一の否定的な意見である。こういう声を出させたのは，運営上の弱さである。肯定的に見れば，他人と「同じ」であることに対して，否定的な見方がされるようになったと考えることもできる。

対象を要素に分けて分類するスキルを身につける

こじつけ共通点ゲーム

藤原　友和
（ふじわらともかず）

●このゲームのよさ 「ぬいぐるみ」と「目覚まし時計」など，一見全然関係なさそうに思える２つのものの共通点を，なるべくたくさん見つけるというゲームである。１つでも多くの「共通点」を見つけようとするため，対象への観察が鋭くなる。また，見た目ばかりでなく用途などにも着目して潜在的な「共通点」を探すようになる。分類の観点を自ら設定して共通点を探す思考力が鍛えられる。

●準備

・ワークシート
・共通点探しに使うグッズ

●バリエーション

【国語】作文の構成（起承束結の「束」……いくつかの具体例の共通的を見つけ，抽象化する）に。「理由づけ」を分析する学習を通して，反論の技術の指導に。
【社会】【総合】見学レポートやグラフ，地図，写真などの読みとりに。
【理科】２つ以上のものを比較する実験や観察に。
【図工】図画の鑑賞や作品の相互評価の事前学習に。

●ゲームの由来と参考文献

大堀真「どのような思考文型を使えるか？」（『授業研究21』No.582，明治図書）をもとに，ＴＶ番組のゲームを参考にして授業を構成した。テンポよくゲームを進めることで子どもたちのテンションが上がり，ゲームが白熱する。

●展開例 [30分] ●

説明（5分）

ものをよく見る力をつけるゲームをします。全然関係のない2つのものの共通点をたくさん見つけた班が優勝，というゲームです。

・ワークシートを配布し，ルールを説明する。

ルールを説明します。
　①2つのものの共通点をたくさん考え，手拍子に合わせて班で順番に発表していく。
　②代表者が起立して発表。一度出たものは言えない。言えなくなったら座る。
　③最後まで残った班が優勝。

・ワークシートの「考えるヒント」をもとに，観点をいくつか例示する。
・共通点は「こじつけ」でOK。ただし，あまりにもおかしかったら手拍子が鳴っている間に「ちょっと待った！」コールがかかる。

活動（20分）

練習です。まず3分間，ものを観察する時間をとってからゲームに移ります。自由に立って歩いたり相談したりして構いません。触っても，持っても，メモをとってもいいです。

・班（6人）ごとにまとまり，黒板を前にして机を「コの字型」に並べ替える。
・バスケットボールと地球儀を教室前方の教卓に置く。
・最初はゆっくり手拍子を打って，ルールを確認しながら行う。
　（山手線ゲームの要領で「ど～ち～ら～も，パン，パン」のリズムにのせて行う）
・勝負がつくまでやらなくてもよい。手拍子のテンポがよくなったところで終了する。

では本番です。観察するものはこれです。観察時間は5分間，そのあとゲームに移ります。

・熊のぬいぐるみと目覚まし時計を箱から取り出して，教卓におく。
　『始めるよ！　ハイ，手拍子準備！
　せーの，ど～ち～ら～も』パン，パン「自分で動けない」パン，パン「軽い」パン，パン……
・意識的に手拍子のテンポを上げていく。
　……「夜寝る時に使う」（「おおー」の声）パン，パン「顔がある」「ちょっと待ったー！」
　『ちょっと待ったコールだぁ！　"顔がある"その心は？』
　（無言で時計を裏返す。するとそこには，時刻調整つまみと電池のフタ）
　『確かに顔に見える！　よし，セーフ！』湧き起こる拍手。
　『続き！　せーの，"ど～ち～ら～も"』パン，パン……
・立っている班が1つだけになったところで終了する。

ふり返り（5分）

今日の活動全体をふり返って，感じたことや思ったこと，考えたことを書きましょう。

班対抗！　こじつけ共通点ゲーム

年　　組　名前（　　　　　　　　　）

ルール
①2つの品物の共通点をたくさん考えます。
②手拍子に合わせて，考えた「共通点」を班で順番に発表していきます。
③代表者が起立して発表。一度出たものは言えません。
④言えなくなったら座ります。
⑤最後まで残った班が優勝です。

◆ 考えるヒント ◆

くらべる品物の特徴を考えましょう。

色は？　かたちは？　大きさは？　重さは？　使い道は？　かたさは？
役立ち具合は？　数は？　……たくさんみつけましょう。

練習　バスケットボールと地球儀

- どちらも，
- どちらも，
- どちらも，

本番　[　　　　　　　]　と　[　　　　　　　]

- どちらも，
- どちらも，
- どちらも，
- どちらも，
- どちらも，
- どちらも，
- どちらも，

● 活動の様子と子どものふり返り ●

活動の様子──「一目でわかる」共通点から「子細に観察した」共通点へ

　たとえば，地球儀とバスケットボールの共通点を探したときには「どちらも丸い」や「どちらも線が引いてある」というように一目で見てわかるものが多かった。しかし，本番のときには観察の様子が一変した。グループの中で秘密めかした表情で，こっそりメモをとり合う姿が見られたのである。もれてくる会話を聞くと，「……って，いいんじゃない？」「あっ，それ……」「言っちゃダメ！　秘密……」と，なるべくほかのグループが見つけられないような共通点を探そうとしていた。

　また，本番のぬいぐるみと目覚まし時計について「どちらも寝るときに使います」という発表には，「おぉー」というどよめきが起こっていた。見た目の観察だけでカテゴリー分類するのではなく，どういったときに，どのような使われ方をするのかという目に見えない領域での分類もなされるようになる。

　このように，分類の観点を自ら設定する力がつく。ものごとの観察が一面的にしかできない子ども──たとえば雨はザーザー，風はビュービューのような観察──にこのような経験をさせることによって，実物に即した，観念的ではない観察ができるようになる。

子どものふり返り

●**おもしろかった。今度は教室にあるものでやりたい。**

　この子どもは，ゲームの合間にも「温度計とラジカセ」など教室にあるもので共通点を考えることを楽しんでいた。「電化製品」「測定器具」というような当たり前の分類の観点をずらすことに面白さを見いだしたようだ。

●**こういうのは得意。おもしろかった。**

　この子どもは，普段から理屈っぽい子である。周囲もそれを認めてあげている雰囲気がある。得意の理屈で大胆なこじつけをしていた。それに対しては，ゲームということで遠慮なく「ちょっと待った」コールが何度もかかった。そのたびに本人は周囲の子を説得することを楽しみ，聞いている子は理由づけの大胆さと適否の判定を面白がって聞いていた。

●**わけがわからない。**

　ゲームが始まるときから「できない」「おもしろくない」というつぶやきがもれていた子である。終わってから聞いてみると，「共通点を探す」ことに抵抗が大きかったようだ。ワークシートにヒントはあるが，それに気がつかなかったそうである。支援が必要だったが，見逃してしまっていた。この時間の前に生徒指導上の注意を与えていたために，心理的に素直に活動にのれなかったことも要因である。

かみ合った議論をするスキルを身につける

ネゴシエーターゲームⅡ

藤原　友和
（ふじわらともかず）

●このゲームのよさ　チーム対抗で，一方が「○○してもいいですか？」と提案を続け，他方が「××だからダメです」とそれを断り続けるゲーム。理由をつけて断り続ける相手を説得し続けることで，相手意識をもった条件付けや，相手の条件付けの裏をついて切り返すスキルを鍛える。自分の意見を言うときには，相手の意図を正確に聞き取らなければならず，かみ合った議論をするトレーニングになる。

●準備

・ワークシート（作戦会議のため）
・ストップウォッチ
・○×を書いた札

●バリエーション

【総合】メリット・デメリットをたくさん考えて比較検討がなされるので，企画立案段階で，あらかじめ起こりそうなトラブルなどを避けられる。
【特活】学活で，行事の計画をたてるときなどに，級友たちの好みなどを幅広く考えることによって，全員のニーズに合わせて内容を企画できるので楽しく参加できる子が増える。

●ゲームの由来と参考文献

上條晴夫編著『授業導入ミニゲーム集』（学事出版）に所収の池内清氏の実践「○○してもいいですか」を参考にして，上條晴夫編著『授業をぐ～んと面白くする中学国語学習ゲーム集』（同）において「ネゴシエーターゲーム」として提案した。今回は新ルールとして「ターンオーバー」を組み入れた。

●展開例 [45分] ●

説明（10分）

「ネゴシエーターゲームⅡ」をします。話し合いで勝負するゲームです。

- 1人を指名し，教師とその子どもとでデモンストレーションしてみせる。
- 子どもには，教師の提案を理由をつけて断り続けるように言う。
  『今日の給食は先生が1人で食べてもいいですか？』「ダメです」
  『どうしてダメなんですか。理由は？』「僕のお腹が空くからダメです」
  『あとでおやつをあげるからいいですか？』「……」（子どもがつまる）
  『3，2，1……ドカーン！　はい，君の負けです。こんなゲームです』
- ワークシートを配る。

> ルールを説明します。
> ① 4人一組でチームをつくり，トーナメント戦をする。
> ② リーダーがジャンケンをして，先攻・後攻を決める。
> ③ 攻撃チームは「お題」にそって相手に「〜してもよいか」と提案を続ける。
> ④ 守備チームは理由つきで断り続ける。残りのチームが審判になる。
> ⑤ 自分の番のときに10秒間沈黙した方の負け（カウントは教師が行う）。

- 守備チームは「○○だったらいいです」と条件を付けて切り返すことも可能（ターンオーバー）。その場合は攻守が逆転する（実演してみせる）。
- 同じ子どもが2回続けて発言することはできない（カウントは継続する）。
- 発言ごとに，審判チームが妥当かどうかを○，×の札で判定する。大きく文脈を外れた発言には×の札を上げる（この場合もカウント継続）。
- 審判チームの過半数が○の札を上げたら，発言は相手チームに移る。
- 3分間で勝負がつかなかったら，ターンオーバーの多い方の勝ち。

活動（30分）

作戦タイム〈10分〉

作戦タイムです。4つのお題から好きなものを選んで，説得の条件を考えなさい。

- ワークシートの「お題」から選ぶ。チームごとにまとまり，攻守ともに作戦を練る。
- なかなか考えられないチームには，教師がアドバイスする。

トーナメント戦〈20分〉

では，試合を開始します（対戦チームは机を移動して，前に出る）。

- およそ以下のようなやりとりになる。
  教師　『では，Aチームの攻撃です。代表者，お題をどうぞ！』
  A　「逆立ちのお手本を見せてください」
  B　「僕は逆立ちができないからダメです」
  A'　「練習してできるようになってもらっていいですか？」
  B'　「一緒に練習してくれるならいいです」
  教師　『Bチーム，ターンオーバーです!!　Aチームは理由つきで断って！』
  A"　「休み時間は漢字の追試があるし，放課後は居残りだからダメです」（爆笑）
  B"　「学校が休みの日ならいいですか？」……

ふり返り（5分）

活動をふり返って，感じたことや思ったこと，考えたことを書きましょう。

ネゴシエーターゲームⅡ

年　　組　名前（　　　　　　　　）

基本ルール
①攻撃は,「お題」について,「○○してもいいですか?」と提案を続けます。
②守備は理由をつけて断り続けます。対戦しないチームは審判を努めます。
③10秒間黙った方が負けです（先生がカウントします）。
④審判は,片方が発言するごとに,○×を判定します。
　審判の過半数が×の間はカウントを続けます。

オプションルール　"ターンオーバー"
⑤守備側は,提案に対して「○○ならいいです」と切り返すことができます。
　そのときは攻撃と守備が交代します。

審判の判定基準　次の発言には×を出します。
①言っていることが,相手の発言とかみ合わない（対話が成立していない）。
②どう考えても無茶な屁理屈すぎる。

今日の給食,全部ください。

掃除当番を代わりにやってください。

トイレについてきてください。

逆立ちのお手本を見せてください。

● 活動の様子と子どものふり返り ●

活動の様子——議論の文脈をおさえながら相手の立論を崩していく

相手の意見に正対して自分の意見を述べなければ，議論はかみ合わない。主観的な「思い」を述べても，聞いている人にはそれが伝わらず，すぐに審判から「×」の札が上がる。

たとえば「逆立ちができないからダメです」という守備側の意見に対して「だったら努力すればいいと思います」という反論では，「僕はそう思いません」と返されて議論は平行線になる。逆立ちが可能になる具体的な方法を提案しなければ，議論はかみ合っていかない。

相手の立論の構造を瞬時に分析して，批判的に聞く力が自然と鍛えられる。

また，攻撃側が「○○してもいいですか？」と提案するにせよ，守備側が「××だからダメです」と否定するにせよ，それまでの議論の経過を踏まえながら発言しなければ，審判が妥当と認めてくれない。

先の逆立ちに例をとると，「逆立ちができるようになるための練習の条件整備」に論点が焦点化されているときに，「練習しすぎるとおなかが空くのでダメ」という断り方をするのは「いまはそんな話をしていません」と「×」判定になる。

子どものふり返り

●1位がとれてうれしかった。相手の話をちゃんと聞かないと言えないんだなと思った。

ゲームの中では，中心的な役割を果たしていた子どもである。普段の授業でも発言が多く，発表も上手にこなす。しかし，今回のゲームでは「相手の話を受けて，自分の考えを組み立てる」ことにとまどいながらの活動だったようだ。自分のペースだけでなく，相手チームという不確定要素に適度な抵抗を感じて楽しんでいた様子だった。

●今回は2位だけど，おもしろいから（2位でも）「いいや～」と思った。次は優勝だ！ 頑張るぞ！

審判から「×」判定を多く受けていた子どもである。普段の授業で発言が否定された場合には，そこからなにも言えなくなってしまいがちだが，ゲームという余裕のある枠組みの中で，「×」を出されてもそれほど抵抗感は大きくなかったようだ。助言を受けながら言い直している場面が見られた。

●相手の意味が頭でこんがらがってわからなかった。手短かに，やりたいという人が続けてはダメ。

普段の授業では人一倍よく話す子どもである。ただし，自分の意見はよく言うが，相手の話を聞くことはやや苦手としていた。ここでいう「やりたい人が続ける」とは自分のことである。

第5章のガイド

進藤聡彦

　この章では，書いてまとめる学習スキルに関連した3つの提案が紹介される。最初の「**共同記者会見ゲーム**」は，インタビューで得た情報を120字以内という制限の中で，要領よくまとめる。その際，1つのインタビューについてクラス全員が書き，その出来具合でチャンピオンを決める。従来，一定の長さをもつ作文を課す機会はあったが，要領よく短くまとめる練習はあまり行われてこなかった。短くまとめることは，その作文の目的に照らして重要度に応じた内容を選別すること，それを字数制限に収まるように文章を工夫することなどの点で難しい側面ももつ。この提案の特によい点は，お互いが書いた作文を発表させている点である。他者の作文と比較することで，自分の書いた作文が相対化され，自分の作文のよい点や悪い点が明らかになる。なお，インタビューを素材に取り上げているので，今後，相手からの回答を引き出しやすい質問や，メモのとり方などの学習スキルも併せて取り上げていくとよいと思う。
　2番目の「**鉛筆対談ゲーム**」は，2人1組で筆談をさせるゲームである。口頭での会話から，会話の「円滑さ」や「楽しさ」をもたらす要件を直接的に知ることは難しい。会話が書かれることによって，会話を客観的に見ることができるから「円滑さ」などをもたらす要件についても気づけるかもしれない。そのためには，提案者が行ったように相手に話しかける「〜しようよ」，相手の話を受け止める「いいよ」などの視点を与えておくことが必要になるだろう。
　3番目の「**反論作文競争**」は，「クラスの算数の成績が悪いので，放課後特訓をする」のような反論をしたくなる意見に対して，反論をする作文を書かせるというものである。100字制限の中で作文の文字数がポイントになる。また，ダラダラと長く書くことを抑えるために，もとの意見の理由に対する反論になっていたり，1つのことを詳述した反論になっていたりしていることで点数を2倍にするなど，ゲームとしてもよく工夫されている。とかく小学生の反論は感情レベルになりがちである（大人もそうかもしれないが……）。これは，日常生活である意見に対して反論する機会は多いはずなのに，そうした練習の機会は少なかったことにも原因があるかもしれない。このゲームはそのような力を学習スキルとして身につけさせようとする試みである。

第5章

まとめる・書くスキル

共同記者会見ゲーム──102
鉛筆対談ゲーム──106
反論作文競争──110

インタビュー結果を文章にまとめるスキルを身につける

共同記者会見ゲーム

神吉　満
（かみよしみつる）

●このゲームのよさ　インタビューで聞き出したことを作文にまとめるゲーム。作文は120字以内と字数制限があるので、インタビューで聞き出したことの中から、どれが重要な情報なのかを考えながら書くことになる。また、この作文は、学級全員が共通のインタビュー結果をもとに書く。共通の情報をもとに書かれた作文を読み合うことで、よりよいまとめ方に気づくことができる。

●準備

・ワークシート
・ふり返りシート（ノートなどでもよい）

●バリエーション

【社会】【総合】インタビューの事前学習。インタビューしたことを文章にまとめるまでをコンパクトに体験することで、学習の見通しをもたせる。

【特活】学級活動で友達のことを知るために。友達の好きなもの、趣味、特技などをインタビューして、友達を紹介する文を書く。

●ゲームの由来と参考文献

小田和早苗氏による「共同記者会見ごっこ」（『授業づくりネットワーク』No.169、学事出版、p.24）をもとに修正追試した。原実践は、中学生が大人にインタビューし、20分間で390文字の作文を書くようにしている。本実践では、対象が小学生であることと、まとめ方に焦点化するために、10分間で120文字の作文を書くように文の量を少なくしている。また、インタビューには子どもが答えるようにした。

●展開例 [45分] ●

説明（5分）

> インタビューで聞いたことを文章にまとめる勉強をします。同じインタビューから誰が上手にまとめられるか競争です。

・代表の子ども（紹介される子ども）を1名選ぶ。本実践では，学級の中で，話すのが得意な子どもを選んだ。

> では，共同記者会見ゲームを始めます。まずは，やり方を説明します。
>   ①Aくん（代表の子ども）の好きなものについて，みんなでインタビューをする。
>   ②インタビューで聞き出したことをもとに，Aくんの好きなものを紹介する120字程度の作文を書く。
>   ③書いた作文をグループで読み合って，グループチャンピオンを決める。
>   ④グループチャンピオンの作文を教師が読んで紹介する。

・ワークシートを配り，どのように書くのかを知らせる。
・インタビューを受ける子どもには，自分が答えた範囲で作文を書くように伝える。

活動（30分）
インタビュー〈10分〉

> それでは，インタビュータイムです。Aくんの好きなものをできるだけ詳しく聞き出しましょう。Aくんもしっかり答えてくださいね。では，始め！

・代表の子どもは教室の前に座り，みんなからのインタビューを受ける。
・インタビューする人は教師が指名するようにし，テンポよく進める。
・「好きな食べ物」「好きな教科」のようにテーマを2つ決めて，それについてインタビューするようにする。1つのテーマに5分間あれば，ゆっくりインタビューできる。

作文〈10分〉

> インタビューで聞いたことをもとに，Aくんの好きなものを紹介する作文を書きましょう。時間は10分です。

・2つのテーマから1つを選んで書くように伝える。
・いきなり書き始めないように，書く内容を考える時間を取るように伝える。
・全員が書き終わった時点で，6人程度のグループで机を向き合わせる。

読み合い・コンテスト〈10分〉

> グループの友達が書いた作文を読みます。みんなの作文を読み終わったら，いいなぁと思う作文を書いた人を心の中で1人決めます。

・クラス全員が心の中で決めたところで，「せーの，ドン！」でその人を指さす。
・グループの中でいちばんたくさんの人から指さされた人がグループチャンピオンとなる。指さした人が同数の場合は，両方ともグループチャンピオンとする。
・チャンピオンの作文は教師が読んでみんなに紹介する。

ふり返り（10分）

> 今日の活動をふり返って，感想を書きましょう。

・「作文を書くときに気をつけたこと」「もっとこうすればよかったと思うこと」「グループチャンピオンに選ばれた人のよかったところ」など，ふり返る観点を与える。

共同記者会見ゲーム ～友だちの好きなものを紹介しよう～

年　　組　名前（　　　　　　　　）

1

インタビューをして「好きなもの」について聞き出そう。

メモ

2

インタビューで聞き出したことを文章にまとめよう。

　　　　　　　　さん・くん の好きな　　　　　　　　を紹介します。

それは　　　　　　　　　　　　です。

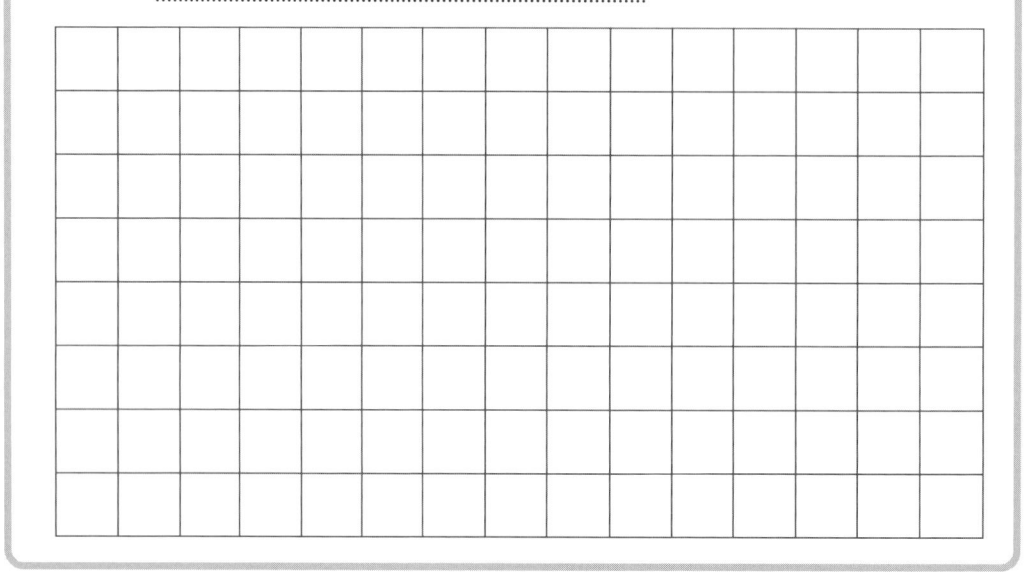

● 活動の様子と子どものふり返り ●

活動の様子──書くことに悩んで，読むことで気づく

　　　　学級のみんなでインタビューしているので，書くための情報は全員に共通している。問題は，どの内容を選んで，どう書くのかということである。子どもたちは，頭をひねって作文を書いていく。そして，お互いに書いた作文を読み合う。
　　　　同じ情報をもとに作文を書いているので，「こういうことを書けばよかったのか」「こういうふうに書けばよかったのか」と，友達のまとめ方のよさに気づいていった。本実践で，グループチャンピオンになった作品を紹介する。

> Mさんの好きな教科を紹介します。それは，体育です。
> 体育の中では，特に走ることが好きです。なぜかというと，がんばって練習して記録がのびるのがわかってうれしいし，走るのが得意だからです。マラソンとリレーでは，リレーが好きと言っていました。私も体育が好きなので，一緒だなぁと思いました。

　　　　もう1回やればもう少し上手に書けそうだと感じたようで，作文の出来にかかわらず，9割近くの子どもたちが「楽しかった」「またやりたい」とふり返った。

子どものふり返り

●グループチャンピオンになったFさんは，聞いたことだけじゃなくて，自分の意見も書いていた。ぼくは，自分の意見を書いていなかったので，書いていたらもっとよかったと思う。

　　紹介文の中で，どんなことを書くのかということをよく考えている意見である。インタビューで知った事実を詳しく書くだけではなく，事実に対する自分の考えや思いを書いた方がいいと感じているのがすばらしい。

●Sさんは，私と違って，好きなものの名前だけじゃなくて，どうして好きなのか，どういうところが好きなのかなどの説明があってわかりやすかった。

　　わかりやすく説明するには，詳しく書くことである。詳しく書くために，理由や具体例があった方がいいということに気づいているのがよい。

●メモするところが難しかった。メモをとるのが大変で，あんまり書けなかった。チャンピオンのように書きたいけど，書くのが大変だった。

　　文字を書くことが苦手な子どもは，インタビューの結果をメモするのは負担が大きすぎたようである。メモが間に合わず，聞き漏らしも多かった。黒板にメモする，聞き取れなかったことはもう一度聞くようにするなど，そうした子どもたちへの対応の工夫が必要である。

ペアで協力しながら文を書くスキルを身につける

鉛筆対談ゲーム

佐内　信之
（さないのぶゆき）

●このゲームのよさ　鉛筆対談は2人で協力しながら，言いたいことを話し言葉のまま紙に書き合う作文である。対話形式で書き進められるため，記述力を伸ばす，個性的表現を伸ばすなどのメリットがある。その鉛筆対談のゲーム化により，さらに楽しい雰囲気で活動に取り組める。教師が課題を設定して勝敗を判定する。スタートとゴールを明確にしながら，体験を通して書くスキルを養うのである。

（イラスト：
「あ」のつく言葉で文を作ろうよ！
じゃあ「雨，なかなかやまないね」
いいよ。じゃあ「雨が降ってきた」）

●準備

・メモ用紙（B5程度）
・ワークシート

●バリエーション

【社会】インタビューの必要な場面で。たとえば，地域の商店街で働く人たちの話を聞きに行く前に，友達との鉛筆対談ゲームで模擬インタビューする。その体験が実際の取材に生きてくる。
【道徳】友達について学習する場合に。「友達の好きなモノ当てクイズ」という設定でゲームが楽しめる。互いにヒントを出し合いながら友達の好きなモノを当てる。クイズが終わったあとも，相手について鉛筆対談で詳しく聞き出しながら，友達との交流が促せる。

●ゲームの由来と参考文献

最初の文献は拙稿「インターネット立ちあい授業の試み―鉛筆対談ゲーム―」（『授業づくりネットワーク』No.169，学事出版）だと思われる。上條晴夫氏の提案に対して，池内清氏・田村一秋氏・佐内の3人が実践を行った。それぞれの工夫点を取り上げて行ったのが今回の実践である。

●展開例［25分］●

説明（5分）

> 今日は「鉛筆対談ゲーム」をやります。「対談」とは、おしゃべりのことです。けれども、話してはいけません。2人で1本の「鉛筆」を使って楽しく書く方法です。

- 鉛筆対談のポイントとして、まず次の2点について説明する。
  ① 2人で話を進める
  ② わかりやすい字で書く
- 「対談」であるから、2人一組で行う。その際、自分勝手な内容ではいけない。テーマにそった話（今回は「あ」のつく言葉集め）になるよう心がける。
- 「鉛筆」を用いて、おしゃべりする。そのためには、相手が読めるように書く必要がある。
- 教師は説明を終えてから、B5用紙を2人に1枚ずつ配布する。

活動（15分）

「あ」のつく言葉集め〈5分〉

> まずは「あ」のつく言葉集めをします。2人で協力しながら、いくつ見つけられるか競争です。時間は5分です。よーい、スタート。

- 「鉛筆対談」の基本型を体験させるために、最初の課題は簡単な言葉集めとする。
- 「あ」のつく言葉なら、漢字・ひらがな・カタカナ、何でもよい。
- 2人で書く順番を決めたら、交代で1つずつ書いていく。口でのおしゃべりは禁止。
- 教師が『現在のところ最高は14個！』など、途中経過を全体に知らせて盛り上げる。
- 時間になったら言葉を教えさせ、優勝ペアを拍手で表彰する。

「あ」のつく文づくり〈10分〉

> 次は「あ」のつく文づくりに挑戦します。「あ」のつく言葉を見つけるだけでなく、まとまった文を書けるようにします。時間は10分です。よーい、スタート。

- 文づくりのイメージをもたせるために、次のような例を示すとよい。
  「いなかに　いった」
  「ライトが　あかるい」
  「いけの　いしに　いっぱい　いとみみずが　いる」
- 鉛筆対談で話を盛り上げるために、次の2点について意識させる。
  ① 相手に話しかける「〜しようよ」
  ② 相手の話を受け止める「いいよ」
- 会話体で気軽に書くよう促すために、「〜よ」「〜ね」などの話し言葉を入れたワークシートを配布する。
- 教師は机間巡視しながら、優勝決定後全体に紹介したい作品を選んでおく。

ふり返り（5分）

> 2回の鉛筆対談ゲームを体験して、気づいたことをワークシートに書きましょう。

- 1回目の言葉集めと2回目の文づくり、比べながら書かせる。
- 友達の作品を聞いて考えたことも書かせる。

鉛筆対談ゲーム

名前 ○（　　　　　　　　　　）
　　 □（　　　　　　　　　　）

2人で協力しながら
「あ」のつく言葉をたくさん集めよう！

○：「あ」のつく言葉で文をつくろうよ！
□：いいよ。じゃあ「　　　　　　　　　」
○：..
□：..
○：..
□：..
○：..
□：..
○：..
□：..
○：..
□：..
○：..
□：..
○：楽しかったね。「あそんでくれて，ありがとう」
□：こちらこそ！　全部で　　　　　コも見つかったね。

● 活動の様子と子どものふり返り ●

活動の様子——言葉集めを競う

「鉛筆対談」の題材は難しい。ただ何となく書かせても盛り上がりに欠ける。2人で楽しく対談するには，どのような話題が適切か。そこで，初めて鉛筆対談を体験する子どもたちに，「あ」のつく言葉集めというシンプルな課題を与えた。あひる・あるく・あんこ・あまい・アンパンマン……思いつくままに「あ」のつく言葉を書き連ねて数を競うだけの「ゲーム」である。しかし，2人で交互に書きながら，相手の意外な言葉に思わず笑みがこぼれてしまう。子どもたちは静まり返った教室の中で言葉集めを競いながらも，2人でクスクス笑いながら楽しく書く体験もできるのである。

——文づくりを楽しむ

「言葉集め」の次は「文づくり」にステップアップする。ここでは単純に言葉の数を競うだけでなく，文の内容を練り上げる姿勢が求められる。子どもたちが紙をやり取りするスピードも遅くなる。それだけ考えている証拠である。だからこそ「まとめて書くスキル」が養えるのである。

子どものふり返り

●自分のところで，つっかえてしまった。「あ」のつく言葉だけで文をつなげにくかった。

「簡単そうだけど難しかった」という感想が半数近くあった。言葉集めから文づくりへのステップが予想以上に高かったようである。文づくりの前に鉛筆対談の内容を発表させ，全体で「あ」のつく言葉を出し合っていれば，もっとスムーズにできたかもしれない。

●いろんな言葉が出て，おもしろかった。特に，S君とT君は「雨」のことで会話していて，すごく楽しそうだった。

その2人の対談は，次のように始まっている。

S：「あ」のつく言葉で文をつくろうよ！
T：いいよ。じゃあ「雨がふってきた」
S：じゃあ「雨，なかなかやまないね」
T：「明日も雨がふる」
S：そうだね。「明日は休み」
T：よし，なら「あれ？　天気雨だ」

とにかく「雨」にこだわっているのがユニークである。ふり返りでは，このように友達の作品も楽しめるとよい。

効果的な反論のための文章構成や理由づけのしかたを学ぶ
反論作文競争

藤原　友和
（ふじわらともかず）

●このゲームのよさ　「算数のテストの成績が悪いので，行事や休み時間を廃止して特訓する」という内容の文書に対して反論する作文を書く。作文の書かれた量や質をポイント化し，チーム対抗で得点を競う。ワークシートの文章を工夫することで，「どの部分に」「どのように」反論するかを焦点化して指導できるので，反論の技術を効率的に身につけられる。

（なるほど。７４ポイント！そして『有効』！）

（Aさんどうやって書いたの？）

（『運動会の練習でも順位をつけたり算数の勉強になる。……だから，運動会をなくせば算数ができるようになるというのはおかしい。』７４字です）

●準備
・「反論したくなる」情報（職員会議のひみつ文書）
・上記資料の拡大コピー（黒板掲示用）
・100字詰めの原稿用紙（10字×10行）

●バリエーション
【国語】説明文で，意見―理由づけ―具体例という構造を分析して，それぞれの論理的整合性を検討する学習に。
【総合】グラフや表などがついた説明資料において伝えようとしている内容に無理はないか，性急な一般化をしていないかを検討し，複数の中から最も信頼に足る資料を見つけるときに。

●ゲームの由来と参考文献
堀裕嗣編著『全員参加を保障する授業技術』（明治図書）の拙稿「先生の横暴をやめさせろ！」および「ＰＣＳ（パネル・チャット・システム）」をもとに，ポイント制によるゲーム化を施した。

●展開例 ［45分］ ●

説明（15分）

こんな文書が手に入りました。これを見てどう思いますか？

・ワークシート「ひみつ文書」を配布し，読み上げる。
・『この文書を読んで，どう思いましたか？』と問い，感想を発表してもらう。

反対したくなりますよね。反対意見をたくさん書くゲームをします。ルールを説明します。
　①学級を4チームに分ける。
　②制限時間内に，反論をたくさん考えて原稿用紙に書く。
　③書けた原稿用紙は黒板に貼っていく。
　④1字＝1ポイントで集計してチームの人数で割り，平均ポイントを出す。
　⑤もっともポイントの多かったチームが優勝。
　※教師が「有効」と判定した原稿用紙は得点が2倍になる。

・チームごとに机を移動し，グループの形に机を合わせる。

活動（28分）

チームで相談して「ここはおかしい」と思うところに線を引きましょう。

・反論のしかたなど作戦を練る。なぜおかしいのか，空きスペースにメモをさせるとよい。
・3分たったところで，原稿用紙を1人に2枚ずつ配布する。

原稿用紙に反論作文を書きます。まずは練習で1枚書いてみましょう。

・書くための時間を3分間とる。練習なので，友達の作文を見てもよい。
・できたものから黒板に貼る。
・終わった子は，まだ書いている子の手伝いをする。
・3分たったら，「有効」判定の例を示しながら点数を計算する。「有効」の判定基準は
　（1）【理由】に対して反論しているか，（2）1つのことを詳しく反論しているか。

では本番です。制限時間は5分間です。

・原稿用紙は何枚でも持っていってよい。
・できたものから黒板に貼っていく。
・時間になったらポイントを集計し，順位を決める。
　T『次はAくんだね。どうやって書いたのかな？』
　A「〈運動会の練習の中でも，順位をつけたり，時間をとったりする（※）ので，算数の勉
　　強になる。だから運動会をなくせば，算数ができるようになるというのはおかしい。〉
　　74字です」（※徒競走のタイムを記録すること）
　T『なるほど。74ポイント！　そして【有効】！』
　A「やった～！」
　T『これは，〈運動会の練習は算数には関係ない〉という【理由】に反対しているね』

ふり返り（2分）

活動をふり返って，感じたことや思ったこと，考えたことを書きましょう。

反論作文競争

年　　組　名前（　　　　　　　　）

■ こんな文書が手に入りました。あなたは，この文書を読んでどう思いましたか？

職員会議のひみつ文書

学芸会・運動会・中休み・昼休みの廃止と
放課後特訓の開始について

平成17年○月○日
○○小学校　学習係

【○○小学校の算数のテストの点数】

	1年生	2年生	3年生	4年生	5年生	6年生
全国平均	80.0	82.4	82.1	80.9	81.7	80.3
○○小学校	82.2	85.1	83.1	83.8	32.1	81.6

　表からわかるように，○○小学校のテストの点数はだいたいの学年で全国平均をこえている。しかし，5年生だけがと～っても悪い！　これでは先が思いやられるので，なんとかして点数を上げなければならない。
　そこで，次のようにしたい。

①学芸会をなくす　　【理由】学芸会の練習は算数には関係ないので。
②運動会をなくす　　【理由】運動会の練習は算数には関係ないので。
③中休みをなくす　　【理由】20分も遊ぶくらいなら，勉強させるべき。
④昼休みをなくす　　【理由】給食を食べてすぐなら勉強エネルギーもいっぱい！
⑤放課後特訓をする　【理由】授業時間だけでは力がつかないから。

※放課後特訓は長い時間やったほうがいいので，夜9時まで，全員で毎日やる。
※と，いうわけでスポーツ少年団などもできませんね。しょうがない。

反論作文競争のルール

①制限時間内に，たくさん反論を考えて原稿用紙に書く。
②1字＝1ポイントで集計してチームの人数で割り，平均ポイントを出す。
③もっともポイントの多かったチームが優勝。
※先生が「有効」と判定した原稿用紙は得点が2倍になる。
※「有効」の判定基準は，(1)【理由】に反論しているか，(2)1つのことを詳しく反論しているか。

● 活動の様子と子どものふり返り ●

活動の様子――論点を絞って書くようになる

　高得点をとろうとするならば，次の2つの条件を満たさなければならない。「たくさん書いてあること」と「【理由】について反論していること」である。前者は基本になるポイントをかせぐ基本的な手段である。しかし，ただ字数をかせごうとすると，「～だし，～だし，～だからです」と列挙型の反論をする。このような反論が有効である場合もありえるが，論点が散漫になることが多い。また，とにかく列挙しようという態度は，どちらかというと感情的に書いているような印象を与え，説得力に欠ける。原稿用紙1枚につき100字という字数制限の中では，1つに論点を絞って書いた方がよい。

　そこで2つ目の条件である。「【理由】に反対した方がポイントが高い」ことをルールに織り込んでいるので，「ひみつ文書」をよく読み，論点を絞って書こうとするようになる。

子どものふり返り

●5年生の点数は，こんなに低いわけないと思った。作文ではゆうこうをゲットできた。もっとたくさん書けたのに，時間になってしまった。おもしろかった。またやりたいけど，放課後学習とかほんとうになったらやだからなぁ……。

　この子は制限時間内に3枚を書いた。うち2枚が「有効」と判定されている。普段から授業中にポイントと思われることをメモするなど，書く力がある子である。班での練習のときには困っている友達に対して，「運動会で，こういうことあったでしょ？」などと体験を想起させるような助言をしていた。

●ちょっとむずかしかったけど，すらすら書けた。こんなのいやだぁと思った。

　「ひみつ文書」を配布したときに，ひときわ大きな声で「えぇ～！」と言っていた子である。練習のときから，「こんなの，絶対に反対だ！」などつぶやきながら気合いを入れて書こうとしていた。実は全然「すらすら」ではなく，書けた作文は1枚だった。書きたいことはたくさんあったと思うが，書き表し方にこだわったので，完成させては消し，完成させては消し……と繰り返し書いていたので原稿用紙はぼろぼろになっていた。意欲の喚起には成功していたと思われる。

●よくわからなかった。

　友達に教えられながら，何とか1枚を書き上げた子である。「昼休み廃止」に反対する作文を書いていたが，本人は別のものに反論したかったらしい。「遊ぶこと」にこだわっていたので，それならば中休み廃止に反論した方がよかった。ポイント獲得をあせる友達にせかされての結果。

第6章のガイド

進藤聡彦

　学校で学習内容を記憶することは多い。効率的な記憶の最大の秘訣は，子どもにとって有意味学習になるように教えることである。有意味学習とは，その学習内容を既有知識と結びつけて構造化することである。しかし，漢字などはそのような構造化がしにくいから，丸暗記（心理学でいう機械的学習）に頼らざるを得ない面がある。その一方で，漢字の書き取りが宿題を忘れたときの罰になることからもわかるように，丸暗記は子どもたちにとって苦痛な作業だ。その苦痛な作業をゲームを通してやれば，楽しみながら学習することができる。この章では，そうしたゲームの提案がなされる。

　最初の「**国旗ビンゴゲーム**」は，国旗をフラッシュカードの学習と地図の塗りつぶし，ビンゴゲームの組み合わせで記憶させる。多様なゲームによる暗記で子どもたちは飽きることなく学習できる。意味性の低い学習内容を記憶させようとするとき，有効な方法の1つとなるだろう。

　なお，同じ学習内容を記憶する場合でも子どもによっていろいろな覚え方がある。そうした覚え方を発表させて，覚え方の工夫をさせてみれば，記憶法という学習スキルの改善につながる。また，国旗はその国の特色を表している（「月が使われている国旗は暑い国が多い」「イギリスの国旗が入っている国は昔イギリスの植民地だった」など）。発展型として国旗のそのような側面の学習も盛り込めば，少しでも有意味学習にすることができるだろう。

　2番目の「**都道府県スリークエスチョンズゲーム**」は，子どもたちが3つの質問をすることで先生が決めた1つの都道府県を当てるゲームである。これもゲームを導入することで，その都道府県がもつ諸特徴を知らないうちに楽しみながら学習できる。また，質問の作成に地図帳を使わせるため，地図帳は都道府県の位置だけでなく，統計資料など様々な情報が記載されていることも学習できる。

　3番目の「**漢字算数バトル**」は，「時」という漢字を「寺＋日」のように分解して，問題を作成する。そして，子どもが出題者と解答者になり，正答数を競うゲームである。この提案もゲームを通じて漢字の学習を面白くさせようとするものである。さらに，高学年では国語辞典や漢和辞典を使用させると，新しい漢字の学習にもなるし，辞典の使い方にも慣れることができる。

第6章

覚えるスキル

**国旗ビンゴゲーム──116
都道府県スリークエスチョンズゲーム──120
漢字算数バトル──124**

関連するものごとをセットで覚えるスキルを身につける

国旗ビンゴゲーム

土作　彰
（つちさくあきら）

●このゲームのよさ　23〜25カ国の国名から16カ国を選んで16マスのビンゴカードに記入し，縦・横・斜めに何列ビンゴが完成するかを競うゲームである。授業の導入に使用することで，子どもたちの集中力を高めることができる。また，短期間で多くの国旗を記憶することができる。このほかに漢字，都道府県名，図形の名称などを覚えさせたい場合にも同じような効果が期待できる。

●準備

・国旗カード（本実践では，くもん出版から発売の『世界の国旗カード』を使った。第1集，第2集があり，2集あわせて計96カ国の国旗カードが入っている。いずれも定価1223円）
・ワークシート

●バリエーション

毎時間はじめの導入10分間を使って一定期間（少なくとも1学期間）実施する。
【国語】新出漢字をマスに記入し，読みカードを読み上げることで，漢字の読み書き能力向上に生かすことができる。
【社会】歴史人物名をマスに記入して，肖像画カードを引く。ほかにも，都道府県名を記入し，県庁所在地カードを引くなどのバリエーションが考えられる。
そのほか，【算数】図形・立体とその面積・体積を求める公式，【理科】検出薬品と検出物（ヨウ素液・でんぷんなど）。

●ゲームの由来と参考文献

牧野英一『カリキュラムセット　マッキーノ』（名古屋仮説会館）からの引用に，修正を加えた。

| 国語 | **社会** | 算数 | 理科 | 総合 | 特活 |

●展開例［45分］●

説明
（10分）

まずは国旗フラッシュカードをします。先生の後について国名をコールしてください。

・1枚につき1秒以内の早いスピードでめくっていく。
・教師『フランス！』，子どもたち「フランス！」とテンポよくコールしていく。
・ワークシートを配る。

国旗と国名を覚えるビンゴゲームをします。ビンゴゲームを楽しむだけで国旗と国名を覚えてしまうというゲームです。ルールを説明します。
　①ワークシートの世界地図に書いてある国から16カ国を選んで，ビンゴ枠の好きな所に記入していく。
　②教師が国旗カードをシャッフルし，1枚ずつ引いてはコールする。
　③自分のビンゴ枠に，コールされた国があればその国を消す。
　④いちばん早くビンゴを完成させた人が「早上がり賞」，最後にいちばん多くのビンゴを完成させた人が「最多列賞」，1列もビンゴが完成しなかった人は「0列賞」をもらえる。

活動
（30分）

ビンゴ枠に好きな国を選んで記入してください。

・数分間記入の時間をとる。
・早く記入できた子は，選んだ国を世界地図の中から見つけて塗りつぶしたり，フラッシュカードを行ったりして，遅い子が記入し終わるまでの時間差を埋める。

全員記入できましたね。ではビンゴのスタートです。

・教師が国旗カードをシャッフルし，1枚ずつ引いていく。このとき，国旗を全員に見せながら『フランス！』とコールするのが大切。
・そのまま16枚目まで引いていく。引いたカードは黒板に貼ったり，立てかけたりして常に見えるようにしておく。
・あと1つでビンゴだという子は「リーチ」，ビンゴになったら「ビンゴ」とコールさせる。
・黒板には「早上がり賞」「最多列賞」「0列賞」の表彰枠を書いておき，受賞者名を記入していく。

ふり返り
（5分）

今日使用したカードすべてを使って，もう一度フラッシュカードをやります。ワークシートの裏に，今日覚えた国旗の枚数と感想を書いてください。

国旗ビンゴゲーム

年　　組　名前（　　　　　　　　　　）

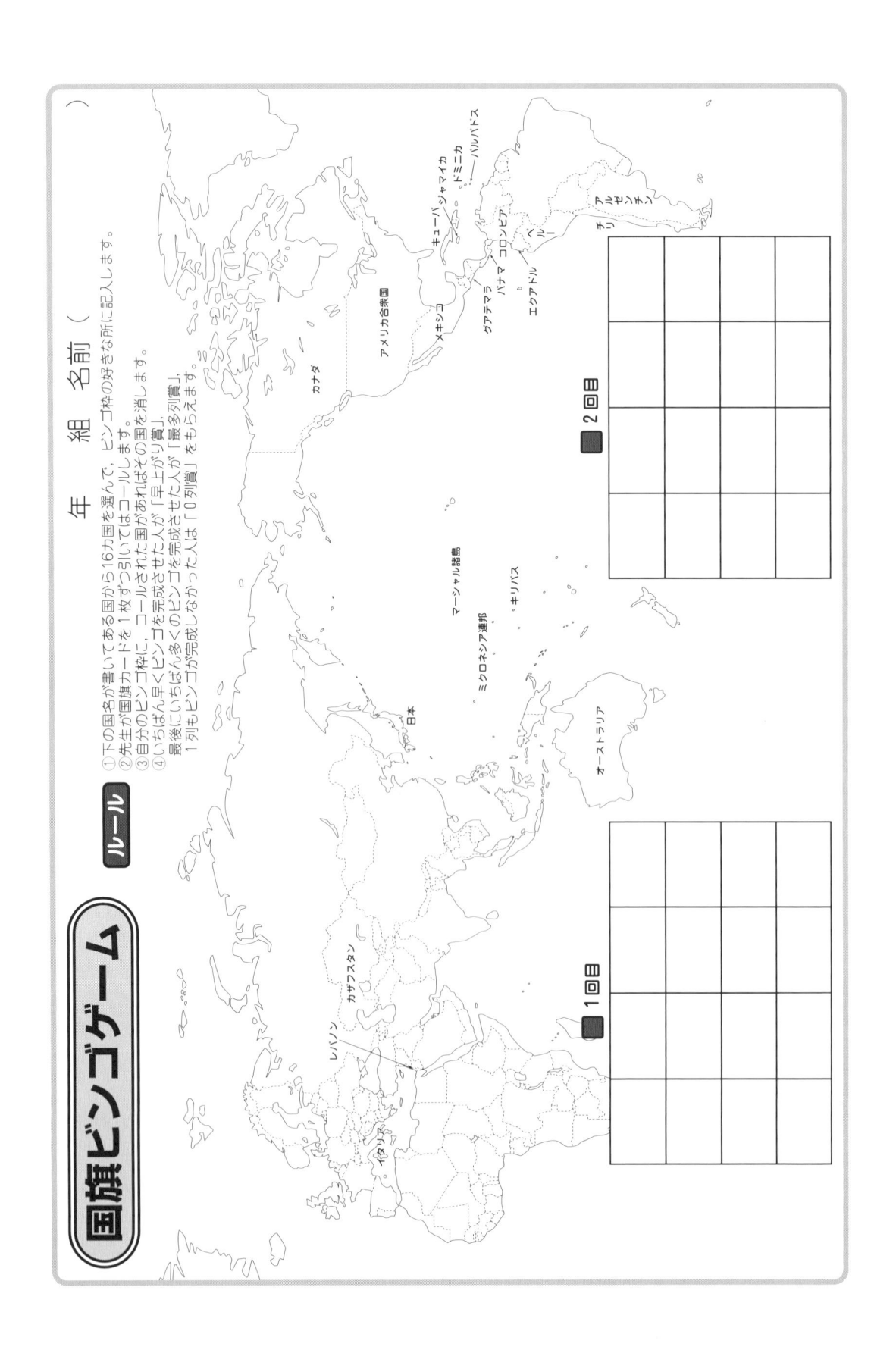

ルール

①下の国名が書いてある国から16カ国を選んで，ビンゴ枠の好きな所に記入します。
②先生が国旗カードを１枚ずつ引いてはコールします。
③自分のビンゴ枠に，コールされた国があればその国を消します。
④いちばん早くビンゴを完成させた人が「早上がり賞」，
　最後にいちばん多くのビンゴを完成させた人が「最多列賞」，
　１列もビンゴが完成しなかった人は「０列賞」をもらえます。

レバノン
カザフスタン
イタリア
日本
マーシャル諸島
ミクロネシア連邦
キリバス
オーストラリア
カナダ
アメリカ合衆国
メキシコ
キューバ
ジャマイカ
ドミニカ
バルバドス
グアテマラ
パナマ
コロンビア
エクアドル
ペルー
チリ
アルゼンチン

■１回目

■２回目

● 活動の様子と子どものふり返り ●

活動の様子 ── 楽しみながら効果的に記憶ができる

　学習ゲームでビンゴゲームはそんなに新鮮味のある実践ではない。しかし，継続的に毎時間行うことで，抜群の効果を発揮することはあまり知られていないのでないだろうか。ビンゴゲームは「パーティーゲーム」の定番であることからもわかるように，「飽きない楽しさ」をもっている。子どもたちは「もう1回やろう！」と必ず言ってくる。「マッキーノ」開発者の牧野氏によれば1日1回が原則だそうだが，ときには2回繰り返してもいいだろう。

　大切なのは「国旗」と「国名」を何度も何度も結びつけることである。授業はじめのフラッシュカード，地図の塗りつぶし，ゲーム中，終わってからフラッシュカードと，1ゲームで最高4回の「結びつけ」がある。例えば次のように指示する。「全員起立。いまからフラッシュカードをします。大きな声ですばやく国名をコールしてください。間違ったら正直に着席してください。最後まで立っていられた人はこのセットはクリアです」。1枚につき1秒ほどの感覚でフラッシュしていくが，その光景は圧巻である。1回ごとにクリアできる枚数は必ず増えていくので，自分の力の伸びを実感できる。したがって子どもは非常に集中する。

　これを1週間に3回，1ヶ月繰り返せば8割の子どもが国旗を覚えてしまう。1ヶ月たったらカードを変える。1学期間あれば100カ国程度の国旗を記憶することができる。

子どものふり返り

●ビンゴでいくつ（列が）できるかが楽しみ。絶対パーフェクトを取るぞ！

　子どもたちは純粋にビンゴゲームを楽しんでいるのがわかる。早上がり賞や最多列賞を取った子の意欲も高まるが，それ以外の子どもたちも0列賞になれるか最後までわからないので意欲を持続することができる。このように「楽しい」と思えることを何度も繰り返すことは記憶力増進のための必要条件である。

●いつの間にかたくさんの国旗が覚えられてうれしい。早く192カ国全部を覚えたい。

　今回使った公文の国旗カードは第1集，第2集あわせて96枚ある。しかし1学期間あれば子どもたちはそのほとんどを覚えてしまう。その達成感，成就感を味わわせることが意欲の持続に繋がると考えられる。

●オランダ，ロシアなんてほとんど同じやからややこしかったけど，いまは大丈夫。ポーランド，モナコ，インドネシアなんてみんな同じやからどう見分けるの？？？

　同じ国旗，似ている国旗がたくさんあることに気づく。また地域によって色や模様に共通性があることに子どもたちは気づくようになる。ここから発展学習などの契機になりえる。

3つの質問で都道府県を覚えるスキルを身につける

都道府県スリークエスチョンズゲーム

佐藤　正寿
（さとうまさとし）

●このゲームのよさ　子どもたちが質問をすることを通して，都道府県名を当てるゲーム。子どもたちの考えた質問（例：「そこの面積は広いですか」「何で有名ですか」）は，そのまま都道府県の特徴を表す。たとえ質問をしなくても，ほかの人の質問によって，地図を見ながらその特徴を探す活動をすることになる。そのことが，都道府県の印象を強めることになる。

●準備

・地図帳
・教師用解答カード（画用紙大）
・ワークシート（ノートでもよい）

●バリエーション

【社会】6年「世界各国の学習」の導入。世界各国の特徴について学習するとき，世界にはいろいろな国があることを理解するとき，同様のゲームをすることができる。その国について3つ質問を行い，当てるものである。

4年「自分たちの住む県」の導入。同様に自分たちの県の学習にも応用できる。この場合には市町村が質問の対象となる。

●ゲームの由来と参考文献

オリジナルゲームである。ただし，3つ質問をさせる活動は，上條晴夫編著『授業導入ミニゲーム集』（学事出版）「3ヒントゲーム」をヒントにし，ヒントを質問に応用したものである。

質問数を3つにしている理由は，限定することが質問の質を高めることにつながると思われるからである。

| 国語 | **社会** | 算数 | 理科 | 総合 | 特活 |

●展開例 [20分]●

説明（5分）

> 都道府県スリークエスチョンズゲームをします。やり方を説明します。
> 　①画用紙に答えの都道府県名が書いてあります。
> 　②みんなは，先生に3つだけ質問をすることができます。
> 　③その質問の答えをもとに，地図帳を使って都道府県名を当ててください。

- 子どもたちはさっそく地図帳を開く。地図帳の最初のほうに，全国の都道府県一覧の地図が掲載されている。
- どのような質問があるかを助言する。「何地方にありますか」「海に面していますか」「どの方角にありますか」といった位置を聞く質問はわかりやすい。「その都道府県は大きいですか」「何の形に似ていますか」という面積や形を聞く質問もよい。「有名なものは何？」と特徴を聞くのもよい，と助言する。
- 都道府県名がすぐにわかってしまう質問，例えば「その都道府県の最初の漢字は何ですか」などには「パス」と言って答えないということも告げておく。この答えで子どもたちは質問の吟味をするようになる。その場合には質問の数が減ることになる。

活動（12分）

> ゲームをスタートします。質問をどうぞ。

- 質問の指名は教師が行う。
- 地図帳のほかのページも使ってよいこととする。
- 答えはワークシートに書くように指示をする。
- およそ以下のようなやりとりになる。
    - 「それは何地方にありますか」『中部地方です』。定番の質問である。子どもたちの目が中部地方に集中する。これで9つに絞られる。
    - 「その県は，大きいですか。小さいですか」『大きいです』。この質問で，今度は県の面積や形に注目する。「新潟かな」「長野かな」といったつぶやきも聞こえる。そして最後の質問。ここまでくると子どもたちも質問を考える。
    - 「何で有名ですか」『りんごです』。「わかった！」という声も出れば，すぐに細かい県の地図からりんごの絵記号を探す子もいる。うしろの統計資料でりんごの生産量を確認した子は「間違いない」という顔をしている。
    - 『どこの都道府県ですか。ワークシート（ノート）に答えを書きなさい』と言う。
    - 『正解はこれです！』と言って，あらかじめ「長野県」と書いておいた画用紙を黒板に貼り付ける。「ワー！」という歓声が子どもたちからあがる。
- これを3～5回程度繰り返し，全問正解者に大きな拍手をする。

ふり返り（3分）

> 今日のゲームで学んだこと，覚えたことを書きましょう。

- 「長野県がりんごの生産がさかんという特徴があることがわかった」という覚えた内容と，「質問を上手に工夫すれば答えがわかりやすい」といった質問の質に着目した内容の2点を取り上げて紹介する。

都道府県スリークエスチョンズゲーム

年　　組　名前（　　　　　　　）

1 答えの都道府県名を書きましょう。

①
②
③
④
⑤

今日の得点　　　　点

2 今日の学習で学んだこと，覚えたことを書きましょう。

活動の様子と子どものふり返り

活動の様子──質問の1つ1つが都道府県を覚える手がかりになる

　普段あまり発表をしない子でも,「どのような形をしていますか」といった定番の質問ならすぐにできる。楽しい雰囲気の中で,挙手しようとする意欲も増す。質問で指名されない子も,考える,探すという活動に集中できる点もよさである。

　子どもたちの質問の1つ1つが何らかの形で都道府県を覚える手がかりになる。たとえば次のとおりである。

・「それはどこにありますか」『東北地方です』→東北地方の県を知る。
・「海に面していますか」『いいえ』→周囲が他県で囲まれているという特徴をつかむことができる。

　ときには,その子の知識を生かした質問が出てくる。「そこは阿波踊りで有名ですか?」といったものである。答えの解説でフォローすることによって,1人の子の知識が学級全体のものになる。また,「県に数字が入っていますか(三重県)」「○○くんが住んでいた県ですか」といった類いの質問もよしとする。

子どものふり返り

●わたしは○○地方をばっちりおぼえました。最初は「地方って何? 覚えられない」と思っていましたが,こういうやり方でやるとすぐに覚えます。これからももっと地図を見て覚えたいです。

　この子は,いままで地方という区分を意識していなかったが,このゲームによって都道府県を覚える大切な要素だということを理解した。地図を見る視点が広がったと思われる。

●友だちの質問を聞いていっしょうけんめいにさがしました。長崎県には島がたくさんあることがわかりました。栃木県には宇都宮があることもわかりました。

　質問をしなくてもゲームの参加度が高いことを物語っている。ふり返りで「何を覚えたか」という知識の確認は重要である。目的が都道府県名や特徴を覚えることだからである。

●47都道府県ある中で,さがすのはむずかしく覚えにくかったけど,答えをみつけたときには,「たしかにこの県はみんなの言ったとおりだ」と思いました。みんなすごいから,ぼくも少し覚えたのでよかったです。

　3つある質問のうち少なくとも1つは,「限定をする質問」が必要なことを物語っている。「何地方ですか」「どの海に近いですか」といったような質問である。ゲーム途中で「どのような質問だと,答えがわかりやすくなりますか」と確認をした。

要素に分けて覚えるスキルを身につける

漢字算数バトル

中村　健一
（なかむらけんいち）

●このゲームのよさ　漢字はひらがなやカタカナ，漢字の組み合わせでできている。このゲームを通して，そのことに気づき，要素に目を向けられるようになる。そうすれば，新出漢字の学習のときにも，どんな字の組み合わせになっているのか考えるようになる。特に複雑な漢字を覚えるときに有効である。熟語，英単語，理科や社会の専門用語などを暗記するときにもこのスキルは生きてくる。

●準備

・ストップウォッチ
・ワークシート

●バリエーション

【社会】5年「工業地帯」の学習のとき。次のようなクイズを出題する。「□＋□＋工業地帯＝京浜工業地帯」「大阪＋神戸＋工業地帯＝□」など。
【総合】英語を学ぶとき，「play＋er＝player」のように「動詞＋er（人）＝□」でできている単語を10分間で集める。たくさん見つけた人が優勝。「un（打ち消し）＋□＝□」など，いろいろなパターンで行うことができる。

●ゲームの由来と参考文献

上條晴夫著『授業でつかえる漢字あそびベスト50』（民衆社）で紹介されているゲームである。1時間の授業で使えるように修正した。ひらがなやカタカナを入れるアイデアは，鈴木啓司氏の実践（上條晴夫編著『はじめの5分が決め手　授業導入ミニゲーム集』学事出版）に学んだ。

● 展開例［45分］●

説明（10分）

> 今日は漢字の勉強をします。先生が問題を出します。
> 答えがわかったらノートに書きなさい。おしゃべり禁止です。制限時間30秒。

・黒板に次の問題を１つずつ書く。１問ずつ答え合わせをする。
　　日＋月＝　　　　　　　　東－木＝
　　口×３＝　　　　　　　　炎÷２＝
　　く＋ム＋小＝　　　　　　ネ＋一＋口＋田＝
　　品÷３＋力＝　　　　　　手＋口×３＋木＝
・ストップウォッチで時間を計り、テンポよく行う。
・正解の数を聞き、多い子をほめる。
・『このように漢字はひらがなやカタカナ、漢字の組み合わせでできています。分解して覚えると楽に覚えられますよ。今日はそれを経験するゲームをします』と言う。
・ワークシートを配る。

活動（30分）
　問題づくり〈15分〉

> 最初に漢字算数の問題を作ります。ワークシートの例のように書いてください。教科書、ドリルなどを見てもいいです。時間は15分。よーい、スタート。

・教師は机間巡視して、実況中継をする。『○○くん、すでに５つ作っています』など。
・できあがった問題の中からいちばん難しい問題を１つ選ばせる。それをワークシートの太枠の中に書かせる。
・書き終わったら、点線で折らせる。（答えを隠すため）

　漢字算数バトル〈15分〉

> 班に分かれて、漢字算数バトルを楽しみます。ルールは次のとおり。
> ①出題者が問題をみんなに見せる。
> ②みんなは解答者になり、答えをノートに書く。制限時間は30秒。
> ③出題者が答えを発表する。正解なら１ポイント。
> ④最高ポイントを獲得した人が優勝。

・教師の進行でゲームを進める。
・６人の班をつくらせる。出題する順番を決めさせる。
・最初に出題する子を立たせる。出題者は『よーい、スタート』で問題を見せ、解答者は30秒でノートに答えを書く。
・30秒たったら、出題者に正解を発表させる。
・ゲームが終わったら、得点を聞く。各班の最高得点の子を立たせ、拍手を贈る。
・時間に余裕があれば、班でいちばん難しかった問題を『せーの、ドン』で決めさせる。その問題をクラス全員でやってみると、盛り上がる。

ふり返り（5分）

> 今日のゲームをふり返って、「授業感想文」を書きましょう。

・「おもしろかったか？」を５段階評価させ、その理由を書かせる。
・学級通信で紹介するなどして、気づきを分かち合えるようにする。

漢字算数バトル

年　　組　名前（　　　　　　　）

☐　漢字算数の問題をつくります。答えも書きましょう。

例・　牛　＋　角　＋　刀　＝　解

☐　みんなに出題する問題を1つ選んで書きます。答えは書きません。班のみんなに見えるように大きく書きましょう。また、答えが見えないように、点線で折りましょう。

● 活動の様子と子どものふり返り ●

活動の様子──漢字の要素に目が向くようになる

　　　　　　ゲームの目的説明で,「解」という字を例に次のような話をした。「『解』という字は一見複雑ですよね。でも,『牛』と『角』と『刀』の組み合わせにすぎないんですよ。この3つの字はどれも簡単に書けますよね。このように漢字を分解して覚えると楽に覚えられますよ」。この説明は子どもたちに,すっと落ちたようだ。どの子も「なるほど！」という表情でうなずきながら聞いてくれた。

　　　　　　子どもたちの作った問題は,「弓×2＋ン×2＝弱」「立＋ノ＋生＝産」「明－月＋林÷2＝果」「水＋ム＋口＝治」など。やたらと分解した問題は少なかった。多くの子が目的を意識して問題作りができていた。

子どものふり返り

●ふだん何気なく使っている漢字にたくさんいろんな字がひそんでいたので, すごいなーと思った。

　「ひそんでいた」の表現から,要素を見る目をもっていなかったことがわかる。このゲームを通して,「ふだん何気なく使ってい」た漢字の要素に目を向けさせることができた。

●クイズ形式でおもしろかった。自分の考えた問題を解けない人が多くて, うれしかった。

　「クイズ形式」は,子どもたちに大人気である。「解けない人が多くて,うれしかった」は,出題者のうれしい気持ちをよく表している。もちろん,解けたときの解答者もうれしいものだ。このゲームは,「クイズ形式」で楽しみながら,力をつけることができる。

●みんながわかっているのに, ぼくだけできなかったけど, 楽しかった。全問わかるように漢字の勉強をしなければならない。

　「ぼくだけできなかった」ことが悔しかったのだろう。このゲームを通して,「漢字の勉強をしなければならない」と意欲をもたせることができた。漢字に興味をもたせることもできるゲームである。

●これからテストのときは, 漢字を分解して覚えようと思う。

　「分解して覚えようと思う」と,このゲームで身につけたスキルを使おうとしてくれている。このゲームが役に立つという実感をよく表している意見である。

●「せこい」などと言われなかったら,「5」だった。

　ほとんど「一」などにし,バラバラにして出題した子の感想。このゲームの目的を忘れ,ただただ難しい問題を作ろうとするとこうなってしまう。いくつまで分解していいか制限をつくるのも1つの方法だろう。

第7章のガイド

進藤聡彦

　この章では表現すること，伝えることに関連した2つの提案がなされる。最初の「**他己紹介ゲーム**」は，2人1組で役割を交替しながら1人が聞き手役，もう1人が回答者役で相手のことについてインタビューを進める。そして，インタビューを終えた後，インタビュー内容に基づきスピーチ原稿をつくるというものである。いかに具体的で興味深い回答を引き出せるかという点と，質問時間やスピーチ原稿の作成時間を短めに設定し時間内に終えさせる点にゲーム性がある。
　このゲームには2つの学習スキルが含まれているように思う。1つは質問のしかたであり，もう1つはプレゼンテーションのしかたである。前者に関して，今回の実践では「テレビは好きですか」というテーマを取り上げている。それだけではイエス・ノーで終わってしまう。ところが，提案者のアドバイスのように，その理由を訊いたり，好きだと答えた場合に，どんな番組を見るか，好きなタレントは誰かなどの具体的な質問をしたりすることで深まったインタビューになる。また，本実践はクラスの友達に関するインタビューであるので，ある程度のことは互いに知っている。しかし，どのような質問をすればその友達の意外な面を聞き出すことができるのかといったスキルの学習にもなっている。
　後者のプレゼンテーションについて，現在，これを基礎学力ととらえる考え方がある。優れたプレゼンテーションは聞き手にその学習成果を共有してもらえ，その結果，聞き手から情報を得ることにもつながるからであろう。相手についての情報をいかに提示すれば，わかりやすく魅力的なスピーチ（プレゼンテーション）になるか，その方法について考えるきっかけにもなる。
　2番目の「**ザ・新語ゲーム**」は2人一組で，1人が「もの」を表す言葉，もう1人が「動き」を表す言葉を独立に書く。そして，それらを合わせてできる表現を新しい比喩的な表現としてその意味を考えさせ，その出来具合を競うゲームである。比喩表現は国語学的に「意味の正しさ」というのがはっきり決まっておらず，聞き手（あるいは読み手）にそのイメージが伝わればその使用は許容される。いや，むしろ他の人とイメージを共有できる適切で新しい比喩的表現は伝達内容をわかりやすくしたり，魅力的なものにしたりする。このゲームはそうした比喩表現を考え出すための学習スキルとなっている。

第7章

表現する・伝えるスキル

他己紹介ゲーム──130
ザ・新語ゲーム──134

質問をして得た情報をまとめて表現するスキルを養う

他己紹介ゲーム

池内　清
（いけうちきよし）

●このゲームのよさ　普段，子どもたちは自分から積極的に質問する機会は少ない。まして，矢継ぎ早に質問する体験をもっている子はそうはいない。「他己紹介ゲーム」では，相手に多くの質問をし，また，答える子も，その質問に対してどんどん答えなくてはならない。その応答によって，このゲームは大いに盛り上がる。また，子どもたちが興味をもてるテーマ設定によって活動が活性化される。

（吹き出し）Aさんのことを紹介します。Aさんはテレビが好きだそうです。理由は3つあります。1つ目は，今の話題がわかるからだそうです。……

（吹き出し）なんだか照れるなあ

●準備
・ワークシート
・ストップウォッチ

●バリエーション

　他己紹介ゲームを繰り返し行うことで，質問する意味を知るようになる。質問は学習において，重要なスキルの1つである。質問することにより得た情報をそのままにするのではなく，一度自分の中で整理し考えをまとめることにより，そのことがらについていっそう考えを深くすることができる。普段の授業をはじめとして，インタビューが重要な役割を果たす社会や総合的学習の調べ学習に活用できるスキルである。

●ゲームの由来と参考文献

　上條晴夫氏創案のゲームである。上條晴夫著『「勉強嫌い」をなくす学習ゲーム入門』（学事出版）の中に紹介されている。今回は，ワークシートを小学生用に改め授業を行った。

●展開例［45分］●

説明（2分）

他己紹介ゲームを行います。相手に質問をして理由をきちんと聞いたり，質問された人は理由をしっかり話したりするゲームです。

・ワークシートを配る。

ゲームの進め方を説明します。
①2人組になり，じゃんけんで質問者と回答者を決める。
②質問者は「テレビは好きですか」という質問から始める。ワークシートに簡単なメモをとってもよい。
③質問時間は2分間。2分経ったら質問者と回答者が代わる。
④お互いに質問が終わったら，スピーチ原稿を作る（書く時間は10分間）。
⑤お互いのスピーチを聞き合う。1人1分以内で行う。

・質問がないか聞く。

活動（38分）

質問タイム〈5分〉

質問タイムです。好きか嫌いかの理由を聞き出すことがいちばんのポイントです。

・理由だけを聞くのではなく，具体的な事実に関することも質問する。「どんな番組を見ていますか」「好きなタレントは誰ですか」など。
・回答者は，どちらとも言えないという答え方はしないで，「しいて言うならどっち」という立場で答える。

スピーチ原稿づくり〈10分〉
スピーチの聞き合い〈3分〉

質問したことをもとにスピーチ原稿をつくります。時間は10分です。
原稿ができたら，お互いのスピーチを聞き合います。

・スピーチ原稿を書くときには，数字や具体的な名前などを書くとよいことを助言する。
・スピーチでは，「1分以内でスピーチをまとめることができたら合格」と言い，教師は「よーい，ドン」でスピーチを行わせる。

スピーチの紹介〈20分〉

・時間が余ったところで，教師が数名指名しスピーチをさせる。1分以内にまとまったスピーチが行えたら拍手をして場を盛り上げる。

【スピーチ例】
　Aさんのことをしょうかいします。Aさんはテレビが好きだそうです。理由は3つあります。1つ目は，いまの話題がわかるからだそうです。テレビを見ていると，いまどんな歌がはやっているかとか，どんなギャグがおもしろいかとかがわかるからだそうです。ちなみにいま「オレンジレンジ」がはやっているそうです。2つ目は，勉強になるからだそうです。特に，たけしの番組は学校でも教えてくれないいろいろなことを教えてくれるそうです。3つ目はひまつぶしになることだそうです。何もすることがないときに，テレビを見ているとたいくつにならないからいいそうです。私は，Aさんのことを，流行にいつも敏感で，勉強好きな人だと思いました。

ふり返り（5分）

他己紹介ゲームを行ってみての授業感想文を書きましょう。

・「おもしろかったか？」を5段階評価させ，その理由を書かせる。
・書き終えた人から教師が読み上げ，ふり返りを共有する。

他己紹介ゲーム

年　　組　名前（　　　　　　　　）

■ 質問メモ

....

....

....

....

[　　　　　] さんのことをしょうかいします。

[　　　　　] さんはテレビが [　　　　　　　] だそうです。

理由は3つあります。

　1つ目は, _____ です。

....

....

　2つ目は, _____ です。

....

....

　3つ目は, _____ です。

....

私（ぼく）は, [　　　　　] さんのことを, _____

な人だと思いました。（スピーチは1分以内で行います。）

● 活動の様子と子どものふり返り ●

活動の様子──積極的なインタビュー活動を体験する

普段は質問をすることに積極的ではない子どもたちであるが，このゲームをすると俄然質問を繰り返すようになる。ゲームという仕掛けが質問するという抵抗感を子どもたちから取り除いている。また，どの子どもにも興味のある「テレビは好きですか」のテーマから，楽しく意欲的に取り組むことができた。

子どものふり返り

●ふだんなかよくしている○くんだけれど，こうして質問してみると，意外な面を発見した気持ちだ。質問っていいもんだ。

日常生活の中では仲のいい友達でも，質問をする機会は少ない。ゲームを通して意図的に質問を繰り返すことで，質問によって自分の知らない相手のことを見つけ出すことができたと感じている。質問のよさを見つけた感想である。

●1つ質問をすると，相手がどんな答えをしてくるのかが楽しみになってきた。

質問をすると当然答えが返ってくる。自分の質問が相手にどう受けとめられるかを期待している感想である。質問の難しいところは，この相手の反応がいちばん気になり，質問を遠慮してしまうことである。この相手の反応を肯定的に考えるか，否定的に考えるかで質問することに対する意欲が変わってくる。この「他己紹介ゲーム」では，矢継ぎ早に質問を繰り返すことで，この反応をゲームのもっている力で取り除いてしまう。

●スピーチはきんちょうしました。でも，1分間の時間内にまとめることができたのがうれしかったです。

1分の時間制限を設けることにより，「ゆるやかな競争」が生まれる。質問の内容や，ワークシートのまとめ方に工夫が必要になってくる。満足感が伝わってくる感想である。

●3つ理由を言うのはかんたんだったけれど，最後のまとめの文に苦労しました。自分が質問をしたことから，相手をこんな人ですと考えるのに頭をひねりました。でも，うまくはまった言い方ができたのでよかったです。相手の人も自分で納得していました。

相手から情報を引き出し，その情報のもとに何が言えるのかを考えることから，論理的な思考が養われる。「うまくはまった言い方」の表現から，この子どもはじょうずにまとめることができたのだろう。

比喩的な表現をするスキルを身につける

ザ・新語ゲーム

佐藤　正寿
（さとうまさとし）

●このゲームのよさ　組み合わせて作った新語の意味を考え，表現をするゲーム。偶然性によってできた主語＋動詞の言葉（例：「ズックが泣く」「ランドセルが驚く」）。それらは日常では使わない新語である。そして，それらの意味を考えることは比喩的な表現力を磨くことになる。新語ができたときの意外さ，比喩的な表現をするときの苦労，発表を聞き合う楽しさが交じり合うゲームである。

●準備

・ワークシート（ノートでもよい）

●バリエーション

【国語】詩を作るときには比喩を使うと効果的な表現となる。そこで，テーマについて様々な言葉を組み合わせてみる。この場合には，「形容詞＋名詞」とするとよい（例：悲しい消しゴム）。その表現方法を教えてから，「比喩を使って詩を作ろう」と呼びかける。

また，作文の学習でも詩の学習と同様に，比喩の表現として活用することができる。

●ゲームの由来と参考文献

上條晴夫編著『授業導入ミニゲーム集』（学事出版）に初出の筆者のオリジナルゲームである。ただし，「いつ・だれが・どこで・どうした」を4人が別々にカードに書き，それを組み合わせて楽しむというゲームが発想の根底にある。そして，国語の比喩的な表現の要素をもち込んだものである。

| 国語 | 社会 | 算数 | 理科 | 総合 | 特活 |

●展開例［45分］●

説明（6分）

今日は，「ザ・新語ゲーム」をします。新しい言葉を隣の席の人とペアで作り，その意味を考えるというものです。

・子どもたちに1人1枚，ワークシートを配布する。

やり方を説明します。次のようにします。
　①右側の人が「～が」にあたる主語を書く。ものでも動物でもよい。
　②左側の人が，「走る」「笑う」といった動きを表す言葉を書く。
　③2人の言葉を組み合わせる。たとえば，「えんぴつが走る」という新語ができる。
　④ペアの役割を逆にして新語をもう1つ作る。
　⑤2つできた新語のうち1つを選び，その意味をペアで考える。
　⑥発表して，クラスのベスト新語を選ぶ。

・質問をとる。

活動（32分）

ペアで新語づくり〈4分〉

では，さっそく新語を作りなさい。時間は4分です。

・ワークシートの1の①に，右側の子は主語を，左側の子は動きを表す言葉を入れる。
・なかなか言葉が思い浮かばない子には，主語の場合には『教室にあるものでいいんだよ』，動詞の場合には『君がしたことで何がある？』とアドバイスをする。

発表用の新語選び〈12分〉

2つできた新語のうち，1つを発表用の新語に選びます。基準は「聞いたことがない言葉」です。たとえば，「サルが走り回る」だったら「新語」にはなりません。ペアでその聞いたことがない新語の意味を考えます。

・「ぞうきんが笑う」「机が泣く」「ビールが喜ぶ」「時計がくしゃみをする」といったものが出てくる。面白い組み合わせに自然に笑いも出てくる。教師もそばに行き，新語に共感して笑う。
・意味を作るときには『どんなときにそうなるか考えましょう』とアドバイスをする。そうすることにより，意味は書きやすくなる。
・『意味まで書いたペアは，黒板に新語だけ書きなさい』と指示をする。36人の学級なら18個の新語ができる。

クラスのベスト新語選び〈16分〉

これから発表をします。発表を聞いて，クラスのベスト新語を選びましょう。

・黒板に書いた新語の意味を発表する。「なるほど」といううなずきも出てくる。
・挙手でベスト新語を選び，作ったペアに大きな拍手を贈る。このときには「ぞうきんが笑う（掃除で大切にされ，床がぴかぴかになって嬉しいこと）」がベストだった。

ふり返り（7分）

今日のゲームの感想を書きましょう。

・「新語を作る難しさと楽しさ」「友達の発想力の面白さ」に着目した内容を取り上げて紹介する。

ザ・新語ゲーム

年　　組　名前（　　　　　　　　）

1 思いつく言葉を書きましょう。

① _____ が _____

② _____ が _____

2 新語の意味を書きましょう。

3 ベスト新語に選んだ作品を書きましょう。

4 今日の学習で学んだこと，覚えたことを書きましょう。

● 活動の様子と子どものふり返り ●

活動の様子──言葉の選択と意味づけ場面で思考の手立てを教える

　ただ単に「比喩を作りなさい」と言うと難しいが,「隣の席の人とペアで言葉を組み合わせる」という偶然性が楽しさにつながる。できた「新語」も聞いたことのない言葉なので,楽しんで意味を考えることができる。

　このゲームで難しいと予想される点が2つある。1つ目はペアで言葉を作るときの主語と動詞の選択,もう1つは意味を考える場面である。

　主語と動詞の選択で,子どもたちの発想の幅が狭いと感じたときには,どんどんとヒントを与えるとよい。主語だったら「教室にあるもの」,動詞だったら「自分が今日したこと」というようにする。

　意味づけの場合には,具体的な場面をイメージ化させることがポイントとなる。たとえば,「えんぴつが走る」だったら,「どのようなときに『えんぴつが走る』と思う?」と問いかけてみる。「問題の答えがわかってすらすらと書いているとき」といった答えが出てくるだろう。それがそのまま意味に直結する。

　これらの活動は子どもたちの思考の手立てを教えることにつながる。

子どものふり返り

●いろいろな言葉を組み合わせると,おもしろい言葉になることがわかりました。とても楽しかったです。もう一度行って,今度はみんなを大笑いさせようと思いました。

　「異質な言葉の組み合わせが楽しい比喩につながる」ということを,この子をはじめとして多くの子は感じた。これは,発想法の1つを覚えたことになる。

●新語を作っただけではなく,意味を知ってますます「おもしろーい」と思いました。てきとうに言葉を出しても,新語はけっこう作れます。「ぞうきんが笑う」の意味はなるほどと思いました。

　新語だけでは,意味がわからないものがある。それを友達の説明によって,納得をした感想である。「言葉の意味は調べるもの」だったのが,今回は「作るもの」になった。

●意味をなかなか考えることができなくて残念でした。友だちの発表を聞いておもしろいものがあり,今度は新語の意味を作れるようにがんばりたいと思いました。

　このペアは「時計が笑う」という言葉を作ったが,具体的な場面のイメージ化ができなかった。このような場合には,新語だけ黒板に書くのでよい。「意味が考えられなかったけど,みんなだったらどういう意味をつけますか」と全体に投げかける。このときには,「いつも時間どおりにみんなが行動する」という意味が出た。

学習スキルゲームのネタ　ＦＡＸ送信票

㈱図書文化社・出版部『ゲームで身につく学習スキル』担当ゆき
〒112-0012　東京都文京区大塚1-4-5　TEL 03-3943-2516　FAX 03-3947-5788

お名前		ご所属	

ご住所
［自・勤］

電　話	［自・勤］	ＦＡＸ	［自・勤］

■ネタの内容：　　　　　　　　　　　　　　　　　　　　　について

●ねらい

●準　備

●内　容

■コメント（編集部あるいは編者がＦＡＸでコメントをお返しします）

学習スキルゲームQ&A　FAX送信票

㈱図書文化社・出版部『ゲームで身につく学習スキル』担当ゆき
〒112-0012 東京都文京区大塚 1-4-5　TEL 03-3943-2516　FAX 03-3947-5788

お名前	ご所属

ご住所
［自・勤］

電　話　　　　　　　　　　　　［自・勤］	FAX　　　　　　　　　　　　　　［自・勤］

■ご質問：　　　　　　　　　　　　　　　　　　　　　　　　　　　　　について

- -

■お答え　　　　　　　　　　　　　　　　　　　※下欄に回答を書いてFAXでお送りします

あとがき
―学習スキルをなぜゲームで学ぶのか―

　本書で取り上げたのは，日々の教室での学習に役立つ学習スキルである。特に，クラス全体でできるようなゲーム形式を取り入れているところに特徴がある。

　授業にゲームを取り入れる意義については，本書の序章で上條晴夫氏が述べた。加えてゲームと学習スキルの関係について補足をするならば，学習スキルにかかわらずスキルというものは，言葉での知識（宣言的知識）として覚えただけではダメで，実際にできることが本質となる。コンピュータ操作のマニュアル本を読んだだけの群よりも，コンピュータで操作しながらそのマニュアル本を読んだ群の方が操作の習得が優れていたという結果を報告する心理学研究もある。「畳の上の水練」では効果がないのだ。また，スキルというのは習熟することによってはじめて日常の学習で使えるものとなる。習熟には繰り返すことが必要になる。そのために，ゲームを通して学ぶことで子どもたちは飽きることなく自分でも気づかないうちに学習スキルを習得することができる。ここにゲームで学ぶ学習スキルの意義の1つがある。

　ところで，e-learningが可能なこの時代に学校に集まり集団で学ぶ意義は，ある子どもにとってその他の子どもたちが学習の資源になる点にある。集団の中での個人のあり方，対立の解消の仕方などの社会性の面は集団の中でしか学べないのは当然である。ジレンマ物語を使って道徳判断の発達研究をしたコールバーグによれば，道徳判断を発達させるのは自分よりも少し上位の他者の考えに触れることであるとしている。いわば子どもにとって大倫理学者のご高説を聞くよりも，隣りの子どもの言動に触れることが大切だというのである。

　こうしたことは教科の学習や総合的な学習の時間でもいえる。自分よりも優れたほかの子どもの学習スキルに接することで，より洗練されたスキルを習得することがあるからである。こうしたことから，ある子どもにとってほかの子どもは学習資源になるといえるのである。別の言葉でいえば，ほかの子どもは先生になりうるのである。この場合，ほかの子どもは反面教師にもなりうるが，それはそれで意味がある。他者の未熟なスキルに触れて，自らの学習スキルに確信をもったりすることにも一定の意義があるからである。

　学習スキルの形成は今後，教育現場でますます重要視されるようになると考えられる。本書で提案されている学習スキルを身につけさせる授業をそのまま明日の読者の授業で使ってもらえたら，また，ここでの提案をヒントに新たな「ゲームで身につく学習スキル」を開発していただけたらと思う。

進藤聡彦

■編集者

上條　晴夫　教育ライター，埼玉大学講師

かみじょうはるお。1957年山梨県生まれ。山梨大学教育学部卒業後，小学校教師・児童ノンフィクション作家を経て教育ライターとなる。現在，埼玉大学講師，教育研究団体「授業づくりネットワーク」代表，学習ゲーム研究会代表，メディアリテラシー教育研究会代表，全国教室ディベート連盟常任理事などを務める。

【おもな著作】　『見たこと作文でふしぎ発見』『作文指導10のコツ』『子どもを本好きにする読書指導50のコツ』『中高校生のためのやさしいディベート入門』『「勉強嫌い」をなくす学習ゲーム入門』(以上，学事出版)，『実践・子どもウォッチング』『小学校/朗読群読テキストBEST50』(以上，民衆社)，『総合的学習の教育技術－調べ学習のコツと作文的方法－』(健学社)，『お笑いの世界に学ぶ教師の話術』(たんぽぽ出版) ほか多数。

進藤　聡彦　山梨大学教育人間科学部教授

しんどうとしひこ。1957年山梨県生まれ。東北大学大学院教育学研究科修了。博士(教育学)。専門領域は，教授・学習心理学，認知心理学。大学で「授業心理学」などの科目を担当する傍ら，学習指導カウンセラー・キャリアウィーク実行委員など小中学校の教育に関わる。日本発達心理学会・日本教授学習心理学会編集委員。

【おもな著作】　『素朴理論の修正ストラテジー』(風間書房)，『私たちを知る心理学の視点』(共著，勁草書房)，『いじめられた知識からのメッセージ』『認知心理学者　教育評価を語る』(以上，共著，北大路書房)，『心理学からみた現代日本のこどものエコロジー』『発達と学習の心理学』(以上，共著，ブレーン出版)，『児童の心理』(共著，新曜社)，『基礎心理学講座Ⅰ　基礎心理学』(共著，八千代出版) など。

■執筆者　(50音順　敬称略　2005年8月現在)

池内　清	東京・聖学院小学校教諭
上條　晴夫	編集者
神吉　満	福岡・北九州市立企救丘小学校教諭
佐藤　正寿	岩手・水沢市立水沢小学校教諭
佐内　信之	東京・新宿区立鶴巻小学校教諭
進藤　聡彦	編集者
土作　彰	奈良・広陵町立真美ケ丘第一小学校教諭
中村　健一	山口・岩国市立通津小学校教諭
平嶋　大	北海道・豊富町立庄内小学校教諭
藤原　友和	北海道・戸井町立戸井西小学校教諭

ゲームで身につく学習スキル【小学校】
問題解決力を育てる授業プラン26

2005年11月10日　初版第1刷発行 ［検印省略］
2009年9月30日　初版第2刷発行

編著者　上條晴夫・進藤聡彦
発行人　村主典英
発行所　株式会社 図書文化社
〒112-0012　東京都文京区大塚3-2-1
TEL 03-3943-2511　FAX 03-3943-2519
振替　00160-7-67697
http://www.toshobunka.co.jp/
組版・印刷　株式会社 厚徳社
装丁　守山敬之
製本　合資会社 村上製本所

©Haruo Kamijo & Toshihiko Shindo 2005, Printed in Japan
乱丁・落丁本の場合はお取り替えいたします
定価はカバーに表示してあります
ISBN4-8100-5461-6　C3337

R 本書の全部または一部を無断で複写複製（コピー）することは、著作権法上での例外を除き、禁じられています。本書からの複写を希望される場合は、日本複写権センター（03-3401-2382）にご連絡ください。

「楽しい」と「力がつく」は両立可能だ！

ワークショップ型授業で国語が変わる

小学校　中学校

上條晴夫　編著

B5判　●本体2,200円

おもな内容

- 第1章　ワークショップ型授業とは何か？
- 第2章　ワークショップ型授業の進め方
- 第3章　聞く力をつけるためのワークショップ型授業
- 第4章　話す力をつけるためのワークショップ型授業
- 第5章　話し合う力をつけるためのワークショップ型授業
- 第6章　書く力をつけるためのワークショップ型授業
- 第7章　読む力をつけるためのワークショップ型授業

第3章～第7章は，各章ごとに学年別の2時間単元プランを合計15本収録

ワークショップ型授業で社会科が変わる

小学校　中学校

上條晴夫・江間史明　編著

B5判　●本体2,400円

おもな内容

- 第1章　ワークショップ型授業とは何か？
- 第2章　社会科とワークショップ型授業
- 第3章　ワークショップ型授業〈3・4年〉または〈地理〉
- 第4章　ワークショップ型授業〈5年〉または〈歴史〉
- 第5章　ワークショップ型授業〈6年〉または〈公民〉
- ここが知りたい！ワークショップ型授業Q＆A

第3章～第5章は，小学校学年別計19本，中学校領域別計17本の単元プランを収録

図書文化

※定価には別途消費税がかかります